Karen Masthoff

Grundfrequenzparameter bei Sprechen in Ruhe und unter Lärmbelastung: Untersuchungen zur mittleren Sprechstimmlage und ihrer Variabilität

Karen Masthoff

Grundfrequenzparameter bei Sprechen in Ruhe und unter Lärmbelastung: Untersuchungen zur mittleren Sprechstimmlage und ihrer Variabilität

Diese Arbeit wurde im Jahr 2016 vom Fachbereich II - Sprach-, Literatur- und Medienwissenschaften - der Universität Trier als Dissertation angenommen.

Bibliografische Information der Deutschen Nationalbibliothek:

Die Deutsche Nationalbibliothek verzeichnet diese Publikation in der Deutschen Nationalbibliografie; detaillierte bibliografische Daten sind im Internet über http://dnb.dnb.de abrufbar.

Herstellung und Verlag: BoD – Books on Demand, Norderstedt

ISBN: 978-3-8482-2060-1

Inhalt

Tabellenverzeichnis

Abbildungsverzeichnis

Danksagung

Bei der Erstellung meiner Dissertation haben mich einige Menschen in besonderem Maße unterstützt. Dafür möchte ich mich an dieser Stelle bedanken.

Zuallererst danke ich dem Betreuer meines Promotionsprojektes Herrn Prof. Dr. Jens-Peter Koester. Er hat mich während meines gesamten Studiums, insbesondere aber auch während der Zeit meiner Promotion zu jedem Zeitpunkt unterstützt, mir in jeder Lage mit Rat und Tat zur Seite gestanden und hat mich, nicht zuletzt durch seinen unerschöpflichen wissenschaftlichen Fundus, sicher durch diese Zeit gelenkt.

Weiterhin möchte ich mich bei Frau Prof. Dr. Angelika Braun bedanken. Auch sie war zu jedem Zeitpunkt ein fester und wichtiger Bestandteil meines Promotionsprojekts. Ihre Tür stand mir jederzeit offen und ihre fachliche Kompetenz, ihr guter Rat sowie ihre stets aufbauenden Worte haben mir sehr geholfen.

Ein besonderer Dank gilt meinen Eltern. Ohne ihre Hilfe in vielerlei Form wäre es mir nicht möglich gewesen, die Promotion durch zu führen und diese Arbeit fertig zu stellen. Bei meinem Vater möchte ich mich besonders für seine Unterstützung auf fachlicher Ebene bedanken, ich konnte mich zu jeder Zeit auf ihn verlassen und mich an ihn wenden. Bei meiner Mutter möchte ich mich bedanken, dass sie nie des Aufbauens müde wurde und ihre motivierende und positive Einstellung haben mich vor allem auf persönlicher Ebene oft angeregt.

Ich danke Simon Haubrich, meinem Partner, gleichzeitig Freund und auch Berater: Er hat mir während dieser ganzen Zeit zur Seite gestanden, war immer für mich da und hat zu keinem Zeitpunkt den Glauben an mich verloren. Wie ein Fels in der Brandung.

Ebenfalls danke ich Dr. Christoph Meinerz, nicht nur für die Bereitstellung seiner Sprachproben zu Versuchs- und Analysezwecken, sondern darüber hinaus auch für die tatkräftige Unterstützung in fachlichen und persönlichen Dingen. Er hatte stets ein offenes Ohr für mich.

Weiterhin bedanke ich mich bei der Landespolizeischule Rheinland-Pfalz - zum Einen bei Herrn Fachbereichsleiter Klaus-Jörg Weidmann und Herrn Norbert Streit, EPHK, für die bereitwillige und umfangreiche Unterstützung meines Projekts, zum Anderen aber auch bei denjenigen Personen, die sich mir im Rahmen meines Experiments als Versuchspersonen zur Verfügung gestellt haben.

Nicht zuletzt danke ich meinen Freunden und all den Menschen, die mir während dieser gesamten Zeit soviel Verständnis und Unterstützung entgegen gebracht haben, mich motiviert, aufgebaut und angetrieben haben - die einfach da waren, wenn es darauf ankam.

1   Einleitung

In der forensischen Sprechererkennung spielen bei der Stimmenanalyse und beim Stimmenvergleich neben auditiv wahrnehmbaren auch verschiedene quantifizierbare phonetische Parameter eine Rolle, darunter Formantfrequenzen, Artikulations- und Silbenrate oder auch die mittlere Sprechstimmlage. Letztere, in der wissenschaftlichen Literatur auch als mittlere Grundfrequenz bezeichnet, gilt in der forensischen Sprechererkennung als sprecherspezifisches Merkmal[1]. Dabei ist jedoch zu berücksichtigen, dass die Ausprägung bzw. Lage der mittleren Grundfrequenz von verschiedenen Faktoren beeinflusst wird, wodurch die Aussagekraft von Grundfrequenzparametern entsprechend relativiert wird. Diese Einflussfaktoren lassen sich nach Braun (1995) in drei Gruppen einteilen: nach physiologischen Einflüssen (z.B. Alter, Geschlecht), nach psychologischen (z.B. die affektive Verfassung des Sprechers oder die Sprechsituation) und technischen Einflüssen (Aufnahmebedingungen). Zu den Umständen, die die Sprechsituation bestimmen, gehören neben den sozialen und psychologischen Bedingungen auch die Belastung eines Sprechers durch Umgebungslärm. Dass sich Lärmbelastung auf die Sprachproduktion,

---

[1] Nolan, 1983.

speziell auch auf die Sprechlautstärke und –tonhöhe und deren akustische Korrelate der Sprechschallintensität und –grundfrequenz, auswirkt, ist aus der wissenschaftlichen Literatur hinlänglich bekannt. Erstmals wurde dieser Effekt von Etienne Lombard (1911) beschrieben.

Vor diesem Hintergrund stellt sich hier speziell die Frage, wie diese auch als Lombard-Effekt bezeichnete Erscheinung im Zusammenhang eines forensischen Stimmen-vergleichs zu bewerten ist, wenn sprachliche Äußerungen zu vergleichen sind, die unter neutralen Bedingungen und unter Lärmbelastung realisiert wurden. Konkret bedeutet das, dass, wenn die Veränderung von Grundfrequenzparametern bei Störschallbelastung das Ergebnis einer natürlichen, eventuell unbewussten, Reaktion sind, zu klären ist, welches Gewicht unter diesen Umständen z.B. die mittlere Grundfrequenz als sprecherspezifisches Merkmal haben kann.

Mit dieser Arbeit soll der Versuch unternommen werden, Einsichten zu dieser Fragestellung, i.e. die Veränderung von Grundfrequenzparametern bei Störschallbelastung im Vergleich zum neutralen Sprechmodus und ihre Einordnung unter dem Blickwinkel des forensischen Stimmenvergleichs, zu gewinnen. Zu diesem Zweck werden im Rahmen dieser Arbeit zunächst die Störschallbelastung und der Lombard-Effekt als Auslöser bzw. Ergebnis einer Stressreaktion in einen psychologischen Kontext eingeordnet. Dazu wird die einschlägige Literatur zur Ermittlung des

Stands der Forschung zur Fragestellung vorgestellt und bewertet. Der Fokus der Arbeit richtet sich dann auf die Erhebung belastbarer Daten über die Größenordnung der Veränderung von Grundfrequenzparametern als Ergebnis des Lombard-Effekts. In einem ersten Abschnitt wird sich die empirische Untersuchung dabei auf aus der forensischen Praxis bekannte, typische Störschallarten fokussieren und neben der Beschreibung und Analyse der möglichen absoluten Veränderungen von der Neutral- zur Lombard-Bedingung das Augenmerk auf relative Veränderungen richten, wenn nämlich die Veränderungen in z.B. ihrer akustischen oder auditiven Dimension dargestellt werden. Zusätzlich wird in einem zweiten Abschnitt des empirischen Teils der Arbeit die Verteilung von Grundfrequenzparametern in einer erweiterten Versuchspersonenpopulation bei Sprechen im Ruhzustand und unter dem Einfluss von Weißem Rauschen beobachtet. Sie soll dazu dienen, im Rahmen aktueller Bemühungen zur Entwicklung von Hintergrundstatistiken, vorhandene Daten zu aktualisieren und zu ergänzen. Abschließend erfolgt dann eine Bewertung der Ergebnisse im Hinblick auf ihre mögliche Bedeutung für forensische Stimmenanalysen und Stimmenvergleiche.

2   Theoretische Grundlagen

In Kapitel 2 erfolgen, vor Vertiefung der Thematik Stress bzw. Lombard-Effekt und Stimme, einleitend einige Erläuterungen in Bezug auf die Verwendung bestimmter Begrifflichkeiten im Rahmen dieser Arbeit. Im Anschluss daran wird auf den allgemeinen Begriff ‚Stress" eingegangen – Definitionen, Auswirkungen und Arten von Stress. Nach Klärung dieser Sachverhalte wird konkret auf den Lombard-Stress und dessen Auswirkung auf die mittlere Stimmlippengrundfrequenz eingegangen, indem diesbezügliche Untersuchungen und Erkenntnisse aus der einschlägigen Literatur vorgestellt und bewertet werden. Abschließend ergeben sich daraus eine Zusammenfassung sowie die Formulierung der Arbeitshypothesen für den empirischen Teil dieser Arbeit.

2.1   Allgemeine Begriffserklärungen

Im weiteren Verlauf der Arbeit wird eine Vielzahl von Begriffen verwendet, die in der wissenschaftlichen und erst recht in der populärwissenschaftlichen Literatur mit wechselnder Bedeutung gebraucht werden. Im Folgenden werden diese daher zunächst präzisiert.

Der Begriff „Stimme" wird hier in zwei unterschiedlichen Bedeutungen verwendet werden: Zum einen bezeichnet er im engeren Sinne rein phonatorische Prozesse, zum anderen umschreibt er, im weiteren Sinn, das Ergebnis des Zusammenwirkens aller am peripheren Sprachproduktionsprozess beteiligter Komponenten, d.h. den subglottalen, laryngealen und supraglottalen Vorgängen, und damit das sich daraus ergebende auditiv wahrnehmbare stimmlich-sprachliche Gesamterscheinungsbild.

Desgleichen wird der Begriff „Sprechen" einerseits verwendet zur Bezeichnung rein supraglottaler, also artikulatorischer Prozesse, andererseits aber auch zur Bezeichnung der konkreten sprachlichen Äußerungen der Versuchspersonen unter den jeweiligen Aufnahmebedingungen im Rahmen der empirischen Untersuchungen dieser Arbeit.

Es wird angestrebt, die jeweilige Eindeutigkeit beider Begriffe durch den entsprechenden Kontext oder durch Erläuterungen herbeizuführen.

Unter dem Begriff „Sprechweise" werden Merkmale der gesprochenen Sprache zusammengefasst, die sich einzellaut- oder auch silbenübergreifend manifestieren. Dazu gehören beispielsweise die Melodik der Stimme, also Variationen der Stimmlippengrundfrequenz oder Intonation und Akzentuierung.

Die Begriffe „modal" und „normal" bzw. „Modalbedingung" und „Normalbedingung" beziehen sich auf die Sprachproduktion der Versuchspersonen im Zustand der Ruhe. Ruhe bedeutet dabei, dass die Versuchspersonen keinen belastenden Störschällen oder sonstigem offensichtlichem Stress ausgesetzt sind.

Unter „Lombardbedingung" ist, im Gegensatz dazu, allgemein zu verstehen, dass die Versuchspersonen während der Sprachproduktion gezielt unterschiedlichen Störschallen ausgesetzt sind.

2.2 Stress, Stressreaktionen und Stressoren

Im Hinblick auf die Transparenz der weiteren Besprechung und besonders der Fragestellungen im empirischen Teil dieser Arbeit ist es sinnvoll, die Begriffe „Stress", „Stressreaktion" und „Stressor" inhaltlich zu definieren und voneinander abzugrenzen.

2.2.1 Zum Begriff „Stress"

In einer frühen Studie von Cannon (1915) wird der Begriff „Stress" erstmals wissenschaftlich erwähnt. Cannon beschreibt Stress als

Reaktion und Adaption des Körpers auf äußere, bedrohliche Umstände, die einen Organismus[2] aus dem natürlichen Gleichgewicht bringen. Er erforschte diese Reaktionen anhand von Tierversuchen. Cannon erkannte das von ihm bezeichnete *"fight-or-flight"*-Verhalten, welches zwei Reaktionen umfasst: Entweder eine Konfrontation mit der Bedrohung oder eine Flucht vor eben dieser. Zu beobachten waren in beiden Verhaltensmustern Veränderungen der Atemfrequenz, des Pulses sowie der Muskelaktivität. Bei diesen Veränderungen komme das natürliche Gleichgewicht des Lebewesens kurzzeitig aus dem Gleichgewicht – die Leistungsfähigkeit werde gesteigert, um der Bedrohung entgegenwirken zu können oder dieser aus zu weichen[3].

Selye (1936) verwendet den Begriff Stress, indem er ihn als „Allgemeines Anpassungssyndrom", bestehend aus einer Vielzahl physiologischer Reaktionen auf eine äußerliche, außerordentliche Bedrohung beschreibt. Selye geht also nicht von einer einzigen allgemein auftretenden Reaktion aus, sondern er verweist auf ein breites Spektrum von Reaktionsmöglichkeiten. Diese variieren nicht nur je nach Stresssituation, sondern zeigen auch individuelle Reaktionsmuster. Sein Modell weitet er später aus und fasst dieses in seinem Werk *The stress of life* (1956) zusammen. Basierend darauf ist eine weitere wichtige Unterscheidung zu machen: Eine

---

[2] *"living organism"* (Quelle: Selye, 1976)

[3] Cannon, 1916.

Differenzierung von positivem und negativem Stress[4] (*"eustress"*: positiver Stress und *"distress"*: negativer Stress[5]), von denen die unterschiedlichen Reaktionen abhängen[6].

Während Cannon und Selye Stress offenbar als reiz- und reaktionsbezogene Erscheinung betrachten, eröffnet Lazarus (1984) in seiner Arbeit eine psychologische Dimension des Phänomens. Er fasst Stress, wie Cannon und Selye, auch als Verbindung von Reiz und Reaktion auf, differenziert jedoch die Stressreaktionen nach psychologischen Kriterien, nämlich in Abhängigkeit von der individuellen Bewertung. Nach Lazarus kann zwischen der „Primär"-, „Sekundär"- sowie „Tertiärbewertung" unterschieden werden. Letztere wird auch als „Neubewertung" bezeichnet. Unter „Primärbewertung" versteht Lazarus die Einordnung des Stresses als entweder positiv, bedeutungslos oder bedrohlich. Darauf folgt die „Sekundärbewertung". Im Rahmen der Sekundärbewertung wird „die Situation dahingehend geprüft, ob sie mit den bestehenden Ressourcen bewältigt werden kann"[7]. Ist dies nicht der Fall, so wird

---

[4] „Negativer Stress kann häufig Krankheiten auslösen. Dies ist bei positivem Stress grundsätzlich nicht der Fall. Ganz im Gegenteil, durch positiven Stress kann ein optimales Maß an Anspannung erreicht werden,[…]." (Quelle: Neumeir, 2010)

[5] Definitionen nach Selye: Eustress = *"agreeable or healthy"*, Distress: *"disagreeable or pathogenic"* (Quelle: Rivera et al., 1976)

[6] Selye, 1936.

[7] Meinerz, 2010.

eine Stressreaktion ausgelöst. Wie Selye besteht auch Lazarus auf mögliche Unterschiede bei den Reaktionen auf Stress. Er macht dies abhängig, zum einen von der individuellen Persönlichkeit, zum anderen aber auch vom jeweiligen wahrgenommenen Stressausmaß. Neben den Bewertungskategorien unterscheidet Lazarus weiterhin drei mögliche Arten der Bewältigung von Stress. Diese fasst er als das "Coping"-Modell zusammen. Im Einzelnen differenziert er zwischen problemorientiertem, emotionsorientiertem und bewertungsorientiertem Coping. Unter problemorientiertem "Coping" ist zu verstehen, dass das Individuum versucht, sich der Stresssituation anzupassen bzw. diese zu verarbeiten. Dies kann bewusst oder unbewusst erfolgen. Emotionsorientiertes "Coping" bezeichnet die Reaktion des Individuums auf Stress durch den Versuch der Reduzierung der emotionalen Erregung, ohne sich dem Stress selbst zu stellen. Die dritte Form ist das bewertungsorientierte "Coping", das die Umwandlung des negativen Stresses in eine positive Form beschreibt, d.h. das Individuum nimmt die Stressbewältigung als Herausforderung an, welcher mit Hilfe eigener gezielter Problemlösungen begegnet wird[8].

Das Stress-Modell nach Henry (1986) geht von einem Zusammenhang zwischen Emotionen und dem endokrinen System aus, d.h. psychologische und physiologische Reaktionen hängen zusammen. So führt beispielsweise Ärger, als Störung des inneren

---

[8] Lazarus, 1966.

Gleichgewichts, zu einer verstärkten Ausschüttung von Testosteron, Furcht zu einer verstärkten Ausschüttung von Adrenalin und Depression zu einer Erhöhung des Cortisolspiegels und Absenkung des Testosteronspiegels[9]. Es ist das Verdienst von Lazarus und Henry, dass das Reiz-Reaktions-Modell um die Komponente des "well-being"[10] erweitert wird, sodass zwischen Stress, Stressreaktion und Stressor differenziert werden kann[11].

Aus der Betrachtung der unterschiedlichen Stress-Modelle nach Cannon (1915), Selye (1936), Lazarus (1966) und Henry (1986) ergibt sich zusammenfassend, dass Stress einer Störung des inneren Gleichgewichts eines Organismus' entspricht, welche von äußeren Umständen hervor gerufen wird. Weiterhin sind die Reaktionen auf eine derartige Störung in starkem Maße an die persönlichkeitsabhängige Bewertung durch das betroffene Individuum gebunden.

---

[9] Busch, 2007.

[10] *Well-Being = "[...] self-acceptance, positive relations with others, autonomy, environmental mastery, purpose in life, personal growth[...]*" (Quelle: Ryff, 1989)

[11] Henry & Stephens, 2013.

2.2.2   Einteilung von Stressoren

Die besprochenen grundlegenden Arbeiten von Cannon, Selye, Lazarus und Henry sind auf die Differenzierung von Stress und die darauf folgenden Reaktionen fokussiert. Zur Vollständigkeit eines für die vorliegende Arbeit spezifischen Stressmodells ist es sinnvoll, darüber hinaus eine Systematisierung der stressauslösenden Umstände bzw. Stressoren vorzunehmen. Als Stressor wird ein Stimulus bezeichnet, welcher bei einem Individuum Stress auslöst, d.h. welcher das „geordnete Verhalten" eines Individuums stört. Man kann zwischen psychologischen und physiologischen Stressoren[12] unterscheiden. Unter physiologischen Stressoren versteht man körperliche Einflüsse oder Veränderungen, wie beispielsweise Verletzungen, Lähmungen, Krankheiten oder Schmerzen im Allgemeinen[13]. Die Gruppe der psychologischen Stressoren kann weiter in Unterkategorien eingeteilt werden. Hierbei kann nach Meinerz (2010) zwischen den situativen, kognitiven und lombard'schen Stressoren[14] unterschieden werden, die im Rahmen einer Besprechung ausgewählter Studien nachfolgend vorgestellt werden.

---

[12] Funnell, Koutoukidis & Lawrence, 2008.

[13] Funnell, Koutoukidis & Lawrence, 2008.

[14] Meinerz, 2010.

2.2.2.1   Der situative Stressor

Ein Stimulus wird als situativer Stressor bezeichnet, wenn er nur in einer spezifischen Situation des Individuums Stress verursacht[15].

In einer Untersuchung von Ekman et al. (1976) wurden 16 weibliche Versuchspersonen unter zwei verschiedenen Bedingungen aufgezeichnet. Zunächst wurde den Versuchsteilnehmerinnen ein ästhetischer Naturfilm dargeboten. Dabei sollten sie mündlich widergeben, was sie bei dessen Betrachtung empfunden hatten. Daraufhin wurde den Probandinnen ein weiterer Film gezeigt, welcher Aufnahmen von medizinischen Notfallsituationen zeigte. Die Teilnehmerinnen sollten dabei weiter über den Naturfilm und ihre Empfindungen berichten. Die beiden Sprachaufnahmen wurden anschließend im Hinblick auf stimmliche Veränderungen untersucht. Als Kontroll-aufzeichnung bzw. Modalbedingung diente hierbei die mündliche Schilderung des Naturfilms während des ersten Durchlaufs, die Äußerungen während der Darbietung des Films von den Notfallsituationen hingegen als Testaufzeichnung. Es konnte eine Veränderung der Stimmlippengrundfrequenz in der Testaufzeichnung nachgewiesen werden, die von den Autoren als Stressreaktion interpretiert wurde. Die Schilderung der ästhetischen Empfindungen bei gleichzeitiger Betrachtung verstörender

---

[15] Selye, 1936.

Filmaufnahmen kann hier als situativer stressverursachender Stimulus bzw. situativer Stressor aufgefasst werden[16].

Streeter et al. (1983) beziehen den Begriff des situativen Stresses bzw. situativen Stressors auf eine *"real-world"*-Situation, welche sich im Jahre 1977 in New York City zugetragen hatte: Es kam im Stadtteil Manhattan und im angrenzenden Westchester County zu einem Stromausfall. Diesen Stromausfall nutzten Streeter et al. in ihrer Studie zur Untersuchung einer situativen Stresssituation. Seine Daten entnahm er einem Telefonmitschnitt, welcher im Rahmen von Qualitätssicherungen durch den betroffenen Telefonnetzbetreiber selbst durchgeführt worden war. Konkret waren im Mitschnitt zwei Personen zu hören, welche am Tag dieses sogenannten *"New York Blackout"* aufgezeichnet wurden. Bei den Personen handelte es sich um zwei Mitarbeiter des Stromnetzbetreibers. Während des Gesprächs fiel die öffentliche Stromversorgung aus, sodass zu Beginn des Gesprächs Normalbedingungen vorlagen, gegen Ende jedoch ein Fall von situativem Stress eintrat, da beide Gesprächspartner den Stromausfall erkannten und mit seinen Auswirkungen konfrontiert wurden. Streeter et al. untersuchten das Sprachmaterial hinsichtlich der Veränderungen der durchschnittlichen Stimmlippengrundfrequenz, des quadratischen Mittels (RMS) der Amplitude sowie der Sprechgeschwindigkeit. Die Untersuchung gliederte sich in einen weiteren Teil, in welchem eine Gruppe von

---

[16] Ekman, Friesen & Scherer, 1976.

unabhängigen Hörern die Äußerungen mit Hilfe einer psychometrischen Skala bezüglich ihres Stressgehalts bewerten sollte. Streeter et al. hypothetisierten, dass der situative Stress mit fortschreitender Dauer des Telefonats und den sich weiter verstärkenden Folgen des Stromausfalls zunahm und sich in den akustischen Daten und den Hörerurteilen niederschlagen würde. Sowohl die akustischen Parameter als auch die Bewertung der Hörer zeigten signifikante Veränderungen im Vergleich der Anfangs- und Endphase des Gesprächs: ein Anstieg der mittleren F0 sowie der Amplitude konnte verzeichnet werden. Allerdings zeigte sich, dass die Veränderungen bei den beiden Sprechern nicht gleichgerichtet waren. Streeter et al. schlossen daraus, dass hierfür persönlichkeitsbezogene Umstände verantwortlich waren. Unabhängig davon kann diese Studie herangezogen werden, um situativen Stress von einem situativen Stressor zu unterscheiden: Zum gegebenen Zeitpunkt und Ort war der Stromausfall der situative Stressor, die Zwangslage der beiden Gesprächspartner, angemessen auf den Stromausfall reagieren zu müssen, dagegen der situative Stress[17].

Eines der Teilexperimente aus der Studie von Meinerz (2010) untersuchte die Auswirkung eines situativen Stressors anhand der Simulation eines Vorstellungsgesprächs. Als Versuchspersonen dienten 34 männliche Studenten. Von jedem simulierten Gespräch

---

[17] Streeter et al., 1983.

wurden eine Audio- und eine Videoaufnahme erstellt. Entscheidend für die späteren Auswertungen waren jedoch lediglich die Audioaufnahmen. Als Vergleichsprobe diente eine zuvor als Kontrollbedingung erstellte modale Sprachaufzeichnung, d.h. die Aufzeichnung von sprachlichen Äußerungen im Zustand der Ruhe. Zu Beginn jedes Gesprächs wurde die jeweilige Versuchsperson hinsichtlich des Gesprächsablaufs instruiert: Die Aufgabe bestand darin, innerhalb eines Zeitrahmens von fünf Minuten Argumente zu liefern, warum sie für eine bestimmte berufliche Position geeignet seien. Vorab hatten die Teilnehmer weder Informationen bezüglich des Versuchszwecks noch bezüglich des Versuchsaufbaus erhalten, sodass sie sich auch nicht auf die Sprechproben vorbereiten konnten. Bei der Mehrzahl der Probanden wurde das Zeitlimit von fünf Minuten unterschritten, woraufhin einer von drei anwesenden Versuchsleitern die Versuchsperson nachdrücklich aufforderte, sich weiter äußern zu sollen. Zusätzlich nahm ein weiterer Versuchsleiter, für die Teilnehmer sichtbar, Justierungen der Videokamera vor und machte sich zudem in auffälliger Weise Notizen über den Gesprächsverlauf, was den Sinn hatte, die Probanden zu verunsichern. Die Auswertung der Daten ergab, dass die mittlere Grundfrequenz bei den Versuchspersonen unter dem Einfluss des situativen Stressors keinen eindeutigen Trend bezüglich der Veränderung der Werte aufzeigte.

2.2.2.2   Der kognitive Stressor

Bei kognitiven Stressoren handelt es sich nach Meinerz (2010) um „alle Stressoren, bei denen die Probanden in erster Linie durch ein zu bewältigendes Arbeitspensum gestresst werden."

Bohnen et al. (1990) untersuchten die Wirkung eines kognitiven Stressors anhand 24 weiblicher Versuchspersonen, welche in zwei Altersgruppen, 41-49 und 61-69 Jahren, eingeteilt waren. Der Fokus der Untersuchung lag auf der Beobachtung des Cortisolspiegels als Indikator von kognitivem Stress. Die Teilnehmerinnen wurden in einem vierstündigen Versuch aufgefordert, eine Reihe von Denkaufgaben, als kognitive Stressoren, zu lösen. Zwischen den einzelnen Aufgaben war es den Versuchsteilnehmerinnen erlaubt, kleine Pausen einzulegen, welche sie mit Lesen, Musik hören oder dem Anschauen von Filmen füllen konnten. Den Teilnehmerinnen wurden während der Lösung der Denkaufgaben und während der Pausen Speichelproben zur Messung des Cortisolspiegels entnommen. Die Messungen des Cortisolspiegels zeigten, dass während der Phase der Denkaufgaben ein deutlicher Anstieg zu verzeichnen war, in den Pausen jedoch keiner[18].

Die Studie von Mikolajczak und Luminet (2008) thematisiert ebenfalls einen kognitiven Stressor. Im Falle dieses Experiments

---

[18] Bohnen et al., 1990.

sollten die Versuchsteilnehmer, männliche und weibliche Studenten, ihre eigene kognitive Leistung bewerten. Diese Eigenbewertung wurde später von den Autoren ausgewertet. Der Versuch umfasste zwei Durchgänge: In einem ersten sollten sich die Teilnehmer einen Naturfilm ansehen und danach Fragen zum Inhalt beantworten. Im Anschluss daran sollten die Versuchspersonen ihre eigene Leistung bewerten. Der zweite Durchgang beinhaltete ebenfalls das Anschauen eines ähnlichen Naturfilms, allerdings sollten die Teilnehmer nun unter Vorgaben[19] Fragen zum Inhalt beantworten. Auch hier gaben die Teilnehmer anschließend eine Einschätzung ihrer Leistung ab. Die Auswertung der Einschätzungen zeigte gemäß der Erwartung der Autoren, dass die Teilnehmer ihre eigene intellektuelle Leistung im zweiten Durchgang unter Stress, hier im Zustand eines kognitiven Stresses, ausgelöst durch den kognitiven Stressor, so präzise und so schnell wie möglich zu antworten, schlechter bewerteten als im stressfreien Zustand[20].

Meinerz (2010) untersuchte im Rahmen seiner Studie ebenfalls einen kognitiven Stressor. Die Basis stellte auch hier das simulierte Vorstellungsgespräch dar, im Rahmen dessen die Versuchspersonen angewiesen wurden, frei stehend vor einem anwesenden Versuchsleitergremium, von der vorgegebenen Zahl ‚2023' in

---

[19] Zitat: *"as quickly and accurately as possible"* (Quelle: Mikolajczak und Luminet, 2008)

[20] Mikolajczak & Luminet, 2008.

Siebzehner-Intervallen rückwärts zu zählen, was gleichzeitig aufgezeichnet wurde. Sobald einer der Kandidaten hierbei einen Fehler beging, wurde er aufgefordert, die Aufgabe wieder von vorne zu beginnen. Die Teilnehmer hatten vorab keinerlei Informationen bezüglich der zeitlichen Dauer des Experiments und der gestellten Aufgabe erhalten. Meinerz untersuchte die Audioaufzeichnungen hinsichtlich möglicher Veränderungen der durchschnittlichen Phonationsgrundfrequenz, der Formantfrequenzen und der Redeflussparameter. Die Ergebnisse zeigten, dass der kognitive Stressor, wie auch der situative Stressor, einen vergleichsweise geringen Einfluss auf die durchschnittliche F0 aufwies.

2.2.2.3   Der Lombard-Stressor

Als eine spezielle Art von Stressor kann Umgebungslärm aufgefasst werden. Er wird für Personen zum akuten stressverursachenden Stimulus, wenn sie sich in sprachlicher Kommunikation befinden[21]. Der entstehende Stress, ebenso wie die darauf folgende Stressreaktion, ist spezifisch linguistisch-phonetischer Natur und bedarf vor der Formulierung der Arbeitshypothesen im empirischen Teil dieser Arbeit einer umfassenden systematischen Besprechung und Einordnung. Dieses erfolgt in Kapitel 2.3. Nach Jahnke (1976)

---

[21] Kloepfer et al., 2006.

können der Umgebungslärm, ebenso wie Licht und sensorische Deprivation, als „Aufmerksamkeitsstressoren" aufgefasst werden[22].

Zunächst jedoch wird, nachdem oben die Begriffe „Stress" und „Stressor" besprochen wurden, ein Überblick über Stressreaktionen im Allgemeinen gegeben.

2.2.3   Stressreaktionen

Die Reaktionen auf Stressoren sind vielfältiger psychologischer und physiologischer Natur. Die physiologischen Stressreaktionen ergeben sich aus „körperlicher Aktivierung und Energiemobilisierung"[23]. Die Reaktionskette beginnt mit dem Hypothalamus, welcher wiederum über das vegetative Nervensystem den Sympathikus aktiviert. Im Anschluss daran werden über das Nebennierenmark die Hormone Adrenalin und Noradrenalin ausgeschüttet, welche letztendlich die jeweiligen körperlichen Reaktionen auslösen. Bei länger anhaltenden oder wiederkehrenden Stresssituationen wandeln sich die Alarm- und Handlungsbereitschaft in Erschöpfungszustände um, da Energiereserven aufgebraucht werden[24]. Die psychologischen

---

[22] Janke, 1976.

[23] Plaumann, Busse & Walter, 2006.

[24] Rusch, 2012.

Reaktionen können als verdeckt bezeichnet werden, sie spielen sich auf der emotionalen Ebene ab[25].

Tabelle 1 Übersicht über psychologische und physiologische Stressreaktionen

psychologische Stressreaktionen	physiologische Stressreaktionen
Aggression	Apoplexie
Angst	Appetitlosigkeit
Antriebslosigkeit	Atembeschwerden
Bewegungsdrang	Bluthochdruck
Depression	chronische Erschöpfung
Emotionslosigkeit	Fehlhaltungen des Körpers
Fluchtgedanken	Haarausfall
Halluzinationen	Mangel an Energie
Konzentrationsstörungen	Muskelverspannungen
sozialer Rückzug	Myokardinfarkt
Stimmungsschwankungen	Schlafstörungen
Unzufriedenheit	Störungen des Verdauungsprozesses
Veränderung des Persönlichkeitsgefühls	Übersensibilität bei Lärm

Quelle: Eigene Erstellung.

---

[25] „Die kognitiv-emotionale Ebene der Stressreaktion umfasst das sogenannte „verdeckte" Verhalten, innerpsychische Vorgänge, die für Außenstehende nicht direkt sichtbar sind." (Quelle: Kaluza, 2012)

Tabelle 1 gibt eine Übersicht über allgemeine Reaktionen auf Stress, auf psycholgischer wie auch auf physiologischer Ebene[26]. Das Auftreten der einzelnen Stressreaktionen sind, wie bereits dargelegt, weitestgehend einzelfallabhängig (Persönlichkeit, körperliche Konstitution, Art des Stresses).

2.2.4 Auswirkungen von Umgebungslärm auf den menschlichen Organismus

„Lärm sind unerwünschte, störende und belästigende Geräusche, die das körperliche, seelische und soziale Wohlbefinden einer betroffenen Person negativ beeinflussen können"[27]. Lärm wirkt sich in mehrfacher Hinsicht auf den menschlichen Körper aus. Lärm und der, gemäß der oben angegebenen Definition, damit meist verbundene Stress kann z.b. in Form von lebhaftem Straßenverkehr oder lauter Musik in Erscheinung treten[28]. Bei den Lärmwirkungen können zunächst zwischen auralen und extraauralen Lärmwirkungen unterschieden werden[29]. Zu den auralen Lärmwirkungen gehören

---

[26] Quelle: z.B. Busch (2007), Griefhahn, (1985), Guski, (1987), Kaluza (2012).

[27] Guski, 1987.

[28] Bege, 2010.

[29] Genuit & Fiebig, 2007.

unmittelbare Schädigungen des Gehörs, die extraauralen Lärmwirkungen betreffen die Funktion des vegetativen Nervensystems. Neben diesen körperlichen Reaktionen können darüber hinaus auch psychische Lärmwirkungen, wie z.B. erhöhte Aggressivität, beobachtet werden[30]. In Bezug auf die psychischen Lärmwirkungen ist anzumerken, dass Lärm bzw. dessen Empfindung stets auf einer subjektiven Wahrnehmung beruht. Dabei ist nicht nur von Bedeutung, wie lange der Lärm anhält, sondern auch in welchem Umfeld und in welcher Form er auftritt[31]. Nachfolgend werden die unterschiedlichen Lärmwirkungen weiter ausgeführt.

2.2.4.1   Aurale Lärmwirkungen

Die auralen Lärmwirkungen beschreiben direkte Störungen des menschlichen Gehörs. Hierzu zählt in erster Linie ein Hörverlust. Der Hörverlust eines Menschen infolge von Lärmeinwirkung zeichnet sich durch eine verminderte Schallempfindlichkeit aus, welcher durch Beschallung mit höheren Lärmpegeln über einen längeren Zeitraum ausgelöst wird. Generell gilt: Je höher der Lärmpegel, d.h. höher als 80 dB[32], desto schwerer die Schädigung des Gehörs. Der

---

[30] Mummendey,& Otten, 2002.

[31] Genuit & Fiebig, 2007.

[32] dies kann als Belastungsgrenze angesehen werden

38

Hörverlust beruht auf einer Schädigung der Sinneszellen im Innenohr: Die sogenannten „Stereozilien", welche ein Bestandteil der Schallverarbeitung im Innenohr sind, können zerstört werden, ebenso wie die äußeren Haarzellen, welche gegenüber Schalldruck empfindlich sind[33]. Durch diesen Umstand erhöht sich die Hörschwelle des Betroffenen, vorwiegend sind dabei die hohen Frequenzen involviert[34].

2.2.4.2 Extraaurale Lärmwirkungen

Die unter ,extraaurale Lärmwirkungen' fallende Beeinträchtigungen sind Störungen des vegetativen Nervensystems, Schlafstörungen oder Konzentrations- und Leistungsstörungen[35]. Bei einer Störung des vegetativen Nervensystems (Regulation von Körpertätigkeiten wie Herzschlag, Blutdruck, Verdauung oder Stoffwechsel) durch eine Lärmbelastung kann es zu abnormalen Tätigkeiten der dazu gehörigen Organe kommen In einer Untersuchung von Knipschild (1977) konnte nachgewiesen werden, dass Personen, welche in lärmbelasteter Umgebung, hier Fluglärm, lebten, häufiger unter

---

[33] Lehnhardt & Janssen, 2009.

[34] Lehnhardt & Janssen, 2009.

[35] Genuit & Fiebig, 2007

Herzbeschwerden sowie Bluthochdruck litten[36]. Ebenfalls konnte er einen erhöhten Medikamentenkonsum, ausgelöst durch entsprechende Beschwerden, verzeichnen. Auch sind Schlafstörungen, ausgelöst durch Lärm, ein weit verbreitetes Symptom. Lärmreize, welche tagsüber auf den Menschen wirken, können nachts zu Schlafstörungen führen, ebenso wie naturgemäß Lärmeinwirkung bei Nacht. Der Mensch nimmt während seiner Tiefschlaf- und Traumphase Umgebungslärm unbewusst auf. Bege (2010) nennt hierzu die Studie von Griefhahn (1985), welche zeigt, dass eine hohe Anzahl an Versuchspersonen den lärmbelasteten Schlaf als nicht ausreichend und erholsam empfand. Konzentrations- und Leistungsstörungen sind ebenfalls Phänomene, welche durch Lärmbelastung hervorgerufen werden. Nicht nur kann bei geistigen Tätigkeiten die Entscheidungsfähigkeit beeinträchtigt werden, sondern auch bei körperlichen Arbeiten, bei welchen ein normales Hören erforderlich ist, kann eine verminderte Leistungsfähigkeit die Folge sein. Genuit und Fiebig (2007) argumentieren allerdings, dass es bei den extraauralen Lärmwirkungen schwieriger nachzuweisen ist, dass Lärm die tatsächliche Ursache der jeweiligen Beschwerden ist, da auf den Organismus viele verschiedene Einflüsse wirken, welche teilweise nicht isoliert voneinander betrachtet und bewertet

---

[36] Knipschild, 1977.

40

werden können, wie z.B. emotionale Verfassung, allgemeine körperliche Fitness[37].

2.2.4.3   Psychische Lärmwirkungen

Der Einfluss von Lärm hat nicht nur körperliche Auswirkungen, sondern auch die Psyche des Betroffenen wird in Mitleidenschaft gezogen. Erkennbar ist dies vorwiegend an einer Überempfindlichkeit gegenüber Geräuschen, welche unterhalb der Grenze der objektiven Lärmschädigung liegen, d.h. in akuten Fällen 120 dB oder ca. 80-85 dB über einen längeren Zeitraum[38]. Häufige Reaktionen auf diese Einflüsse sind Erschrecken und Angstzustände, welche sich über einen gewissen Zeitraum steigern können und dazu führen, dass mit der Zeit selbst leisere Geräusche als störender Lärm empfunden werden können. Dies wiederum bringt oftmals eine Scheu vor sozialer Interaktion und Kommunikation im Rahmen von Menschenansammlungen mit sich. In letzter Konsequenz bedeutet das für die betroffene Person unter Umständen totale soziale Isolation. Lärm wirkt sich jedoch als psychischer Stress nicht nur auf die soziale Interaktion mit anderen Menschen aus, auch der Betroffene selbst verändert sich oftmals wesensmäßig: So führt

---

[37] Genuit & Fiebig, 2007.

[38] Schaaf & Nelting, 2003.

41

dauerhafter Lärm häufig dazu, dass sich der Mensch ständig in Alarmbereitschaft befindet, da die Stresshormone Adrenalin und Noradrenalin[39] ausgeschüttet werden. Die Ursache hierfür ist der Hypothalamus, der unter Einfluss dieser Art von Stress in Mitleidenschaft gezogen wird, da er mit dem zentralen Nervensystem gekoppelt ist. Durch diese Kopplung werden über das Nebennierenmark die beiden genannten Hormone frei gesetzt[40]. In der Folge entwickelt der Lärmgeschädigte eine aggressive Grundhaltung, welche sich wiederum auf die soziale Interaktion mit anderen Menschen auswirkt[41].

Lärm kann in vielerlei Art und Weise auftreten – beispielsweise Verkehrslärm, zu laute Musik oder auch Maschinenlärm auf Baustellen oder in Fabrikhallen. Dies wirkt sich, wie in diesem Kapitel besprochen, in unterschiedlicher Art und Weise auf den menschlichen Organismus und die Psyche aus. Aber auch die Stimme bzw. Sprachproduktion wird von Lärm beeinflusst. Im Rahmen dieser Arbeit wird insbesondere die Auswirkung von Lärm auf die menschliche Stimme thematisiert, weshalb dieses Phänomen im folgenden Abschnitt gesondert diskutiert wird.

---

[39] Lovallo & Thomas, 2000.

[40] Bech, 2012.

[41] Genuit & Fiebig, 2007.

42

Vor dem Hintergrund des empirischen Teils dieser Arbeit spielt insbesondere Lärm bzw. Lombardstress eine entscheidende Rolle. Er wird in verschiedenster Art und Ausprägung angewendet, wie in Kapitel 3 im Detail darzustellen sein wird. Aus diesem Grunde wird in diesem Teilkapitel zunächst geklärt, wie Lombardstress vor dem Hintergrund der verschiedenen Arten der Lärmwirkung eingeordnet werden kann.

2.2.5 Spezielle Reaktionsmuster auf den Lombardstressor

Lombard (1911) beobachtete, dass Personen, die unter Lärmbelastung standen, mit lauterer Stimme sprachen. Nach der myoelastisch-aerodynamischen Theorie der Stimmgebung[42] beruht eine größere stimmliche Lautstärke auf einer größeren Schwingungsweite der Stimmlippen bei der Phonation[43]. Diese Veränderung des Schwingungsverhaltens wird durch ein komplexes Zusammenspiel zwischen subglottalem Überdruck bzw. dem Druckgefälle vom sub- zum supraglottalen Raum und der Spannung der, vornehmlich inneren, Kehlkopfmuskulatur erreicht [44]. Erhöht sich der subglottale Druck bzw. vergrößert sich das Druckgefälle vom

---

[42] Van den Berg, 1958.

[43] Pétursson & Neppert, 2002.

[44] Lawrence Borden, & Harris, 2007.

sub- zum supraglottalen Raum, so strömt die Expirationsluft drucksausgleichend mit größerer Kraft und höherer Geschwindigkeit[45]. Dies hat nun zweierlei zur Folge: 1) Die Stimmlippen schwingen mit größerer Amplitude, wodurch sich die Schallintensität und wahrnehmbare Lautstärke des Quellensignals erhöhen. 2) Die Stimmlippen schwingen schneller, daher mit höherer Frequenz und steigender wahrnehmbarer Tonhöhe[46]. In umgekehrter Weise verringern sich Schwingungsfrequenz und Amplitude bei fallendem subglottalem Druck bzw. geringerem Druckgefälle vom sub- zum supraglottalen Raum. Soweit die grundsätzlichen Zusammenhänge. Diese ergeben sich allerdings nur dann, wenn bei steigendem bzw. fallendem subglottalem Druck die phonationsrelevanten myoelastischen Kräfte unverändert bleiben[47]. Die myoelastischen Kräfte beeinflussen ihrerseits das Schwingungsverhalten der Stimmlippen. Eine stärkere Spannung bewirkt, bei unverändertem subglottalem Druck, aufgrund der nunmehr geringeren schwingfähigen Masse eine schnellere bzw. höherfrequente Schwingung. Zugleich jedoch setzt die stärkere muskuläre Spannung den aerodynamischen Kräften einen größeren Widerstand entgegen, sodass die Schwingungsamplitude und damit

---

[45] Lawrence, Borden & Harris, 2007.

[46] von Essen, 1962.

[47] Pétursson & Neppert, 2002.

die wahrnehmbare Lautstärke abnehmen[48]. Umgekehrt gilt, dass eine geringere muskuläre Spannung zu einer tieferfrequenten Schwingung mit größerer Amplitude führt. Daraus ergibt sich, dass z.B. eine größere stimmliche Lautstärke bei gleichbleibender Tonhöhe oder eine niedrigere Tonhöhe bei gleichbleibender Lautstärke ein koordiniertes Zusammenwirken von aerodynamischen und myoelastischen Kräften erfordert. Besonders augenfällig wird dieses Zusammenspiel bei der Durchführung von Stimmfeldmessungen nach dem Verfahren Calvets (1952)[49], wenn reine Glissandos und Crescendos zu realisieren sind[50]. Es bleibt fest zu halten, dass die Frequenz der Stimmlippenschwingungen und damit die wahrnehmbare stimmliche Tonhöhe vom subglottalen Druck und Spannung der an der Phonation beteiligten Kehlkopfmuskulatur abhängt.

Diese Wechselwirkung zwischen muskulärer Spannung, subglottalem Druck, Schallintensität und F0 wird in der nachfolgenden Tabelle dargestellt.

---

[48] Pompino-Marschall, 2009.

[49] Schneider-Stickler & Bigenzahn, 2013.

[50] Schneider-Stickler & Bigenzahn, 2013.

Tabelle 2 Druck und Spannungsverhältnisse bei der Phonation

Vorgang	Primäre Auswirkung
Subglottaler Druck steigt	Stimme lauter
subglottaler Druck fällt	Stimme leiser
Spannung steigt	Stimme höher
Spannung fällt	Stimme tiefer

Quelle: Eigene Erstellung.

Basierend auf den oben diskutierten Beobachtungen und unter Berücksichtigung von Tabelle 2 kann ein Anstieg der Stimmlippengrundfrequenz als Reaktion auf Lärmeinwirkung bzw. Lombard-Stress physiologisch begründet werden.

2.3 Forschungsüberblick

Im Rahmen des Forschungsüberblicks wird nachfolgend dargelegt, in wieweit der Lombard-Effekt im Hinblick auf stimmlich-sprachliche Parameter bereits untersucht wurde und welche Ergebnisse diesbezüglich vorliegen. Bei den nachfolgenden Arbeiten wird dabei der Fokus insbesondere auf Untersuchungen und Erkenntnisse in Bezug auf die Stimmlippengrundfrequenz gelegt.

2.3.1 Lombard-Effekt und Sprachproduktion

Der Lombard-Effekt wurde erstmalig beschrieben von Etienne Lombard (1911). Ursprünglich versteht Lombard darunter die Veränderung der Stimme eines Sprechers bezüglich der Lautstärke, wenn die Wahrnehmung der eigenen Stimme beeinträchtigt wird[51]. Vieregge et al. (1996) führen dazu weiter aus, dass dieser Effekt der Modulation der Lautstärke als Kompensation einer verminderten auditiven Rückkopplung[52] und damit einer Störung des „phonetischen Gestaltkreises"[53], sowie zur Verbesserung der Verständlichkeit für den Kommunikationspartner durch Übertönen des Lärms[54] [55] aufgefasst werden kann. Aus Lombard (1911) geht nicht eindeutig hervor, ob Veränderungen der Lautstärke auch an Veränderungen der Tonhöhe gekoppelt sind. Der Begriff „Lombard-

---

[51] «[...] plus le bruit de l'assoudisseur est intense, plus grande est l'élévation de la voix [...]» - hier: die Ertaubung der Versuchspersonen (Quelle: Lombard, 1911)

« [...] plus mauvaise est la perception, plus considerable est l'élévation de la voix[..] (Quelle: Lombard, 1911)

[52] Auditive Rückkopplung = Rückkopplung des eigenen Sprachschalls (Quelle: Vieregge, 1996)

[53] Vieregge et. al (1996) zitieren Ungeheuer, G. (1993): [, dass während des Sprechens die Rückkopplungsmechanismen und die *Monitoring*-Prozesse zeitlich gesehen ein Ganzes, sozusagen eine zeitliche Gestalt, nämlich den sogenannten „phonetischen Gestaltkreis" [...] bilden.

[54] Garnier et al., 2006.

[55] Lane & Tranel, 1971.

47

Effekt" wird in der modernen einschlägigen Literatur jedoch nicht nur als Veränderungen der Lautstärke, sondern auch als Veränderung der Stimmlippengrundfrequenz beschrieben [56].

Nach der myoelastisch-aerodynamischen Theorie der Stimmgebung erscheint die Verknüpfung zwischen Lautstärke und Tonhöhe bzw. Schwingungsamplitude der Stimmlippen und Schwingungsfrequenz, wie oben dargestellt, jedenfalls plausibel.

Im Folgenden werden Untersuchungen zum Lombard-Effekt und dessen Auswirkungen auf die Sprachproduktion zusammengefasst, die speziell im Hinblick auf die Fragestellungen dieser Arbeit von Bedeutung sind.

Eine Studie von Miller (1974) untersuchte den Einfluss von Lärm auf die Stimmgebung und das Hörverständnis. Im Rahmen seiner Studie agierte eine Versuchsperson als Sprecher, eine als Hörer. Die Versuchspersonen waren räumlich voneinander getrennt, dabei aber über Kopfhörer und Mikrofon miteinander verbunden. Der Sprecher hatte die Aufgabe, mehrere Sätze mit einsilbigen Wörtern zu produzieren, die der Hörer protokollieren sollte. Gleichzeitig wurden beide Vpn mit Lärmpegeln unterschiedlicher Stärke (ca. 74 dB, für den Sprecher: Variation des Abstands zum Mikrofon) beschallt. Im Anschluss daran wurden die Leistungen beider Personen analysiert. Es konnte nachgewiesen werden, dass bei steigendem Lärmpegel das

---

[56] Patel & Schell, 2008.

Hörverstehen zunehmend erschwert war und der Sprecher mit höherer Intensität phonierte. In einem zweiten Teil des Versuchs sollte der Sprecher während der Produktion der Sätze den Abstand zum Mikrofon bei konstanter Beschallung variieren. Die Auswertungen dieses Versuchs zeigten, dass auch hierbei das Hörverstehen in Abhängigkeit vom Abstand des Sprechers zum Mikrofon eingeschränkt war (je größer die Entfernung des Sprechers zum Mikrofon, desto schlechter das Hörverständnis). Des Weiteren stellte Miller fest, dass der Lärmpegel, bei einem Abstand von etwa 15-20 Fuß zum Mikrofon, deutlich unter 50 Dezibel liegen muss, um eine Kommunikation zwischen Sprecher und Hörer überhaupt zu ermöglichen[57].

Die Untersuchung von Stanton et al. (1988) befasst sich mit dem Lombard-Effekt als Folge von simuliertem Fluglärm. Die Fragestellung lautete unter anderem, inwiefern sich ein solcher Fluglärm auf Stimme und Sprechen auswirkt. Von fünf Versuchspersonen wurden Sprechproben unter insgesamt fünf verschiedenen Bedingungen, wovon drei hier relevant sind, aufgezeichnet: eine Modalprobe, eine Probe, bei der die Vpn zu lauterem Sprechen aufgefordert wurden und schließlich eine Probe, bei der die Vpn einem Rosa Rauschen mit einem Pegel von 90 dB exponiert wurden. Das wesentliche Ergebnis der Auswertungen der Stimmproben war, dass die mittlere Stimmlippengrundfrequenz bei

---

[57] Miller, 1988.

intentional lauterem Sprechen und in Gegenwart von Rosa Rauschen signifikant erhöht war[58]. Die Untersuchung konnte damit bestätigen, dass es einen Zusammenhang zwischen der schon von Lombard (1911) beobachteten Veränderungen der Lautstärke und der Stimmlippengrundfrequenz bei Lärmeinwirkungen gibt.

Ein Experiment von Van Summers et al. (1988) untersuchte unter anderem die Veränderung der Stimmlippengrundfrequenz unter verschiedenen Stufen der Lärmbelastung. Die sprachlichen Äußerungen zweier Versuchspersonen wurden aufgezeichnet, während sie 15 Wörter aus dem Militärjargon produzierten. Beide Sprecher befanden sich in einer schallisolierten Kabine. Zunächst wurde als Referenz eine Modalprobe aufgezeichnet, danach drei weitere Aufnahmen in der Gegenwart von Störschallbelastung mit unterschiedlichem Pegel (80, 90 und 100 dB). Die Auswertungen ergaben, dass die mittlere F0 grundsätzlich ansteigt. Bemerkenswert ist jedoch, dass das Ausmaß des F0-Anstiegs bei 80 dB-Belastung am größten war. Die Untersuchungen lassen sich dahingehend interpretieren, dass kein linearer Zusammenhang zwischen dem Pegel des Störschalls und der Veränderung der mittleren Grundfrequenz besteht. In einem zweiten Experiment wurden 41 Versuchspersonen instruiert, gesprochene Wörter zu erkennen. Hierzu wurden ihnen die Wortbeispiele aus dem ersten Experiment in zwei Varianten, einmal die Modalprobe und dann die Probe unter

---

[58] Stanton, Jamieson & Allen, 1988.

dem Einfluss von 90 dB Weißem Rauschen, dargeboten. Den beiden Proben wurde jeweils ein breitbandiges Rauschen[59] mit drei verschiedenen Störabständen, 5 dB, 10 dB, 15 dB, beigemischt. Erwartungsgemäß war die Verständlichkeit bei einem 15 dB-Störabstand generell am besten. Interessant ist, dass dabei jedoch die Wortbeispiele verstanden wurden, die unter Störschallbelastung gesprochen wurden. Die Autoren folgern daraus, dass *"shouted speech"*, d.h. in diesem Zusammenhang Rufen oder Schreien als Reaktion auf Umgebungslärm, eine höhere Verständlichkeit als gesprochene Sprache unter Ruhebedingungen haben. Dieses Ergebnis könnte auch als Beleg dafür gesehen werden, dass die unbewussten stimmlich-sprachlichen Veränderungen unter Lombard-Einfluss[60] tatsächlich zu dem erwünschten Ergebnis führen, nämlich zur Verbesserung der eigenen Verständlichkeit für den jeweiligen Kommunikationspartner[61].

Bond und Moore (1990) untersuchten, in wieweit sich das „laute Sprechen" unter Lombard-Einfluss von normalem lauten[62] Sprechen unterscheidet. Es wurden Sprachaufzeichnungen von einer männlichen Versuchsperson gemacht, wobei die Versuchsperson zunächst in einem lärmfreien Umfeld gezielt laut sprechen sollte, im

---

[59] Zitat: *"broadband noise"* (Quelle: Van Summers et al., 1988)

[60] gemäß Lombard 1911: in erster Linie Erhöhung der Lautstärke

[61] Lau, 2008.

[62] Zitat: *"intentional loud speech"* (Quelle: Bond & Moore, 1190)

Anschluss daran aber in einem mit Umgebungslärm belastetem Umfeld ohne Vorgabe. Zusätzlich wurde von dem Sprecher eine modale Referenzsprechprobe aufgezeichnet. Es wurde festgestellt, dass in den Sprechmodi mit Umgebungslärm bzw. mit bewusst lautem Sprechen eine Erhöhung der durchschnittlichen F0 vorlag. Ein weiteres Ergebnis war, dass bei diesen Sprechmodi die Frequenzen der Vokalformanten, vor allem F1, anstiegen, worauf auch Stanton (1988) bereits hingewiesen hatte. Der Autor erklärt dies mit einem höheren Öffnungsgrad bei der Bildung der Vokale unter Lombard-Einfluss.

In der Studie von Hansen und Bria (1990) wurde der Lombard-Effekt gezielt im Zusammenhang mit den Vokalformanten untersucht. Zu diesem Zweck wurden Sprachaufnahmen von 32 Versuchspersonen gemacht, zum einen eine Modalprobe, d.h. eine Aufnahme im Ruhezustand, und zum anderen wurden die Versuchspersonen über Kopfhörer einem Weißen Rauschen exponiert. Die Messungen und Analysen ergaben, dass die Formantfrequenzen der Vokale anstiegen, auch insbesondere die Frequenz des ersten Formanten, wie schon bei Bond und Moore (1990) untersucht. Zusätzlich wurde der schon bekannte Anstieg der durchschnittlichen Stimmlippengrundfrequenz beobachtet.

Junqua (1996) untersuchte in einer Studie, die primär auf die Prüfung von Einflüssen von Lombardsprache auf ein automatisches Spracherkennungssystem und auf die Perzeption zielte, die

Veränderung der mittleren Stimmlippengrundfrequenz unter dem Einfluss von Lärm. Insgesamt standen zehn Versuchspersonen zur Verfügung, fünf weibliche und fünf männliche. Es wurden Sprachaufnahmen in zwei Sitzungen gemacht, zunächst ohne Einfluss von Lärm. Im Anschluss daran waren die Versuchspersonen einem Weißen Rauschen über Kopfhörer exponiert. Die Analyse der Grundfrequenz ergab, dass die mittlere F0 in der Lombard-Bedingung anstieg, sowohl bei den männlichen als auch bei den weiblichen Versuchspersonen. Weiterhin konnte auch in dieser Studie festgestellt werden, dass F1 bei den vorkommenden Vokalen erhöht war. Die Arbeit von Junqua bestätigte damit die Ergebnisse von Bond und Moore (1990) sowie die von Hansen und Bria (1990).

Jessen, Köster und Gfroerer (2005) untersuchten das Sprechverhalten 107 männlicher Sprecher im Alter von 21-63 Jahren. Hierzu wurden die Versuchspersonen unter drei verschiedenen Bedingungen aufgezeichnet: unter Ruhebedingungen, unter Einfluss eines Weißen Rauschens mit 80 dB und unter Telefonbedingungen. Ziel der Untersuchung war es, die Unterschiede der mittleren F0 bei Lesen und Spontansprache unter den angegebenen Bedingungen im Hinblick auf forensisch-phonetische Implikationen zu untersuchen. Für jede Versuchsperson lagen für jede Bedingung jeweils eine Spontan- und eine Leseprobe vor. Diese bestanden aus dem Erzählen einer Bildergeschichte sowie aus dem Verlesen des phonetischen Standardtexts „Der Nordwind und die Sonne". Von besonderem Interesse für die vorliegende Arbeit ist hier die Versuchsbedingung der Sprachproduktion unter dem Einfluss des Weißen Rauschens. Die Ergebnisse der F0-Messungen zeigen einen Anstieg der mittleren F0 um ca. 40 Hz bei spontaner Sprache und um ca. 30 Hz bei Lesen unter der Lombard-Bedingung. Gleiches wurde auch für die Standardabweichung beobachtet, allerdings nicht bei allen Versuchsteilnehmern. Jessen et al. ziehen aus den vorliegenden Ergebnissen die Schlüsse, dass ein Vergleich zweier Proben im Hinblick auf die mittlere F0 als sprecherspezifisches Merkmal, jedenfalls wenn eine der beiden Proben mit Störschall belastet ist, abwegig ist. Ferner lassen sich, nach Jessen et al., keine Generalisierungen über den Grad des Einflusses des Lombard-Effekts auf die mittlere Stimmlippengrundfrequenz vornehmen. Die Schlussfolgerung der Autoren dieses Versuchs ist diesbezüglich, dass Stimmproben nur dann im Hinblick auf die mittlere F0 miteinander verglichen werden können, wenn sie auch unter ähnlichen akustischen Bedingungen (Ruhe – Ruhe bzw. Lärm – Lärm) realisiert wurden.

Die Studie von Garnier et al. (2006) richtete den Fokus auf die Lippenstellung und Lippenbewegung und deren Veränderungen unter Lärmeinfluss. Eine Versuchsperson wurde instruiert, 33 kurze Sätze zu produzieren. Diese Sätze wurden jeweils unter drei verschiedenen Bedingungen aufgezeichnet. Die erste war die Ruhebedingung, in der zweiten Bedingung wurde ein Weißes Rauschen eingespielt und in der dritten Bedingung wurde durch Einspielung eines Stimmengewirrs ein sogenannter Cocktailparty-

54

Effekt simuliert. Garnier et al. beobachteten eine Zunahme der Lippenspreizung und des Öffnungsgrads unter Lombard-Einfluss, besonders deutlich unter der Cocktailparty-Bedingung. Akustisch nachweisbar ist dies, wenn man unterstellt, dass ein größerer Öffnungsgrad mit der Lage des ersten Formanten gekoppelt ist, vornehmlich an dem nachgewiesenen Anstieg der Frequenz des F1. Die Autoren stellten weiterhin fest, dass die mittlere Grundfrequenz unter den Lombardbedingungen anstieg, auch hier mit stärkerem Effekt unter der Cocktailparty-Bedingung. Garnier et al. belegen, dass die physiologischen Symptome des Lombard-Reflexes sich nicht nur auf Phonationsmechanismen auswirken, sondern sich auch auf supraglottaler Ebene, also umfassender, beobachten lassen.

In einer Studie von Davis et al. (2006) wurde der Lombard-Effekt im Hinblick auf die Gesichtsmimik sowie die Kopfbewegungen untersucht. Vier Versuchspersonen wurden in jeweils zwei verschiedenen Versuchsbedingungen aufgezeichnet, einmal wurde ihnen ein Weißes Rauschen dargeboten, in der anderen Bedingung wurde "*multitalker-babble*", d.h. ein simuliertes Umfeld mit vielen gleichzeitig sprechenden Personen, eingespielt. Zu Vergleichszwecken wurde von allen Versuchspersonen eine Modalprobe aufgenommen. Aufgezeichnet wurden jeweils zehn Sätze. Die Messungen erfolgten mit Hilfe zweier sogenannter "*Northern Digital Optotrak*"-Maschinen, diese umfassten Marker, welche in den zu untersuchenden Gesichtspartien angebracht wurden und die Bewegungen des Gesichts während der Artikulation dokumentierten. Die Auswertung der Messungen ergab, dass unter Lärmeinfluss, sowohl bei der Induktion eines Weißen Rauschens als auch bei der *"multitalker-babble"*-Bedingung, die Mimik ausgeprägter war und die Bewegungen des Unterkiefers deutlich zunahmen, am stärksten jedoch bei der bei der *"multitalker-babble"*-Bedingung. Eine weitere Beobachtung von Davis war, dass auch hier die mittlere Stimmlippengrundfrequenz, insbesondere aber auch F1 und F2 unter Lombard-Einfluss anstiegen.

French (2007) behandelt die Thematik des „Lombard-Effekts" in einem praktisch-forensischen Kontext. French argumentiert, dass, unter Bezugnahme auf vorhandene Forschungsergebnisse, erhöhte erste Formanten bei Vokalen, ein reduziertes Sprechtempo und eine erhöhte Grundfrequenz als Nachweis für einen bestehenden Lombard-Einfluss auf eine Sprechprobe sein können. French stellte bei einem Sprecher in der inkriminierten Sprachaufzeichnung in Gegenwart von Verkehrslärm eine um knapp 30% erhöhte durchschnittliche Grundfrequenz im Vergleich zu Passagen, in denen der Sprecher unter ruhigen Bedingungen sprach, fest. French argumentiert weiter, dass daher der Sprecher in Bezug auf die F0 eine Lombard-Reaktion gezeigt hatte und er damit auch, da eine Erhöhung der Grundfrequenz natürlich an eine Erhöhung der Intensität des Stimmschalls gekoppelt sei, mit größerer wahrnehmbaren Lautstärke und damit besseren Verständlichkeit gesprochen hatte. Letzteres hatte die Verteidigung bestritten und erklärt, ihr Mandant, der zweite beteiligte Sprecher, hätte die fraglichen Äußerungen keinesfalls bei dem vorhandenen Verkehrslärm verstehen können. Das Gericht folgte letztlich der Argumentation Frenchs. French verweist mit diesem Beitrag auf die Bedeutung des Lombard-Effekts für die forensische Praxis und die positive natürliche Korrelation von Grundfrequenz und Intensität des Stimmschalls. Indirekt wird damit auch bestätigt, dass der Lombard-Reflex zumindest teilweise auf einer Anpassung an akustische Bedingungen mit dem Ziel der Optimierung der Kommunikationsfähigkeit beruht.

Lau (2008) untersuchte den Lombard-Effekt unter einem anderen Gesichtspunkt: Gegenstand der Untersuchung war, wie sich ein Sprecher verhält, wenn nicht er selbst, sondern der Gesprächspartner unter Lärmeinfluss, hier ein Weißes Rauschen mit einem Pegel von 70 dB, steht. Ziel der Studie war, nachzuweisen, dass der Lombard-Effekt für den Sprecher auch dann zum Tragen kommt, wenn er nicht selbst, sondern der Gesprächspartner unter dem Einfluss von Lärm steht. Der Versuch wurde mit 32 Versuchspersonen, denen das Ziel der Untersuchung nicht bekannt war, durchgeführt. Die Vpn wurden paarweise aufgefordert, sich gegenseitig Wortlisten vorzulesen, welche aus jeweils 24 Wörtern bestanden und dabei auch miteinander zu kommunizieren. Insgesamt wurden vier verschiedene Versuchsbedingungen realisiert: (1) keine der beiden Versuchspersonen wurde Lärm ausgesetzt, (2) beide Versuchspersonen standen unter Lärmeinfluss, (3) nur der Sprecher wurde Lärm ausgesetzt und (4) nur der Hörer stand unter Lärmeinfluss – der Lärm wurde bei allen Bedingungen über Kopfhörer eingespielt. Die für diese Arbeit relevanten Ergebnisse zeigen, dass unter anderem ein Anstieg der mittleren F0 in allen Bedingungen zu verzeichnen war, in welchen der Sprecher unter Lärmeinfluss stand. Des Weiteren wurde ein leichter Anstieg der durchschnittlichen Stimmlippengrundfrequenz in Bedingung (4) verzeichnet. Die Analyse der Vokalformanten ergab eine Erhöhung der Mittenfrequenzen von F1 und F2.

In der Studie von Patel und Schell (2008) wurde untersucht, inwieweit sich der Lombard-Effekt auf die Sprachproduktion bei unterschiedlichen Lombard-Bedingungen auswirkt. Insgesamt nahmen 16 Teilnehmer an der Studie teil, 8 weibliche sowie 8 männliche Sprecher. Die Vpn agierten paarweise, wobei jeweils eine Person als Sprecher, eine Person als Hörer fungierte. Sie waren räumlich voneinander getrennt und kommunizierten über Kopfhörer und Mikrofon. Beide Personen wurden gleichzeitig mit *"multitalker-babble"*-Lärm beschallt, dem Hörer wurden zusätzlich die sprachlichen Äußerungen seines Kommunikationspartners dargeboten. Der Sprecher wurde instruiert, dem Hörer zu erklären, wo bestimmte Gegenstände im Rahmen eines Computerspiels, welches beide Partner an einem Bildschirm verfolgten, platziert werden sollten. Dieser Vorgang wurde mit jeweils wechselnden Schallpegeln wiederholt. In einem ersten Versuch betrug der Pegel 60 dB, in einem zweiten Durchlauf betrug er 90 dB. Im Fokus der Untersuchung standen die mittlere Stimmlippengrundfrequenz und deren mögliche Veränderung. Des Weiteren wurden die Äußerungen auf artikulatorische Besonderheiten hin untersucht. Ebenfalls wurde die Schallintensität von Funktions- und Inhaltswörtern miteinander verglichen. Die Basis der Vergleiche stellte eine vorab erstellte Modalprobe dar. Ergebnis der Studie war, dass die mittlere F0 bei den Inhaltswörtern anstieg. Darüber hinaus war dort auch ein Anstieg der Schallintensität zu erkennen, was in besonderem Maße bei dem Störschall mit 90 dB-Pegel zu beobachten war.

In einer Studie von Garnier et al. (2010) wird untersucht, wie sich ein Sprecher sprachlich und perzeptiv an Lärm anpasst. Es wurde ein Experiment in zwei Teilen durchgeführt: Im ersten Teil wird analysiert, wie Perzeption und Sprache sich ändern, wenn Lärm[63] über Kopfhörer respektive über Lautsprecher eingespielt wird. Der zweite Teil des Experiments betrifft die Untersuchung der Lippenspreizung unter Lärmeinfluss, sowohl unter auditiv wahrnehmbaren als auch unter physiologisch messbaren Gesichtspunkten. Zu diesem Zweck wurden Aufnahmen von zehn Muttersprachlern des Französischen aufgezeichnet. Der Versuchsaufbau gab vor, dass sich die Sprecher in Paaren gegenüber sitzen und jeweils Begriffe mündlich austauschen sollten. Gleichzeitig wurde den Sprechern der Störschall mit verschiedenen Intensitätsstufen zwischen 62-86 dB eingespielt. Die Sprecher

---

[63] Zitat: *"broadband noise"*, *"cocktailparty simulation"* (Quelle: Garnier et al., 2010)

wurden auch jeweils isoliert aufgezeichnet, d.h. nicht während sprachlicher Kommunikation mit ihrem Gegenüber. Von den Sprechern wurden auch Äußerungen getrennt voneinander aufgezeichnet, verglichen wurden die Veränderungen der Äußerungen, zum einen beim Einspielen des Störgeräuschs über Kopfhörer, zum anderen beim Einspielen über Lautsprecher. In einer weiteren Bedingung wurden die Personen ohne Störgeräuschbelastung aufgezeichnet. Diese Aufnahme diente als Kontrollaufzeichnung. Es wurde festgestellt, dass unter Lärmbelastung eine Zunahme der Lippenspreizung stattfand. In Abhängigkeit von der Störschallintensität wurde ebenfalls ein Anstieg der mittleren Grundfrequenz beobachtet. Garniers Ergebnisse bestätigen damit frühere Untersuchungen, dass der Lombard-Reflex sich nicht nur auf die Stimmgebung beschränkt, sondern den Sprachproduktionsprozess umfassend.

Meinerz (2010) behandelte im Rahmen einer breit angelegten Untersuchung die Auswirkungen von unterschiedlichen Arten von Stress auf Phonation und Artikulation. Hierbei unterschied er zwischen kognitiven, situativen und Lombard'schen Stressoren. Im Rahmen der vorliegenden Arbeit sind die empirischen Ergebnisse der Versuche bezüglich des Lombard-Stressors an dieser Stelle von Interesse: Es wurden 34 männliche Versuchspersonen mit einem Weißen Rauschen mit 60 dB beschallt. Sie wurden angewiesen eine Bildergeschichte zu erzählen. Als Kontrollaufnahmen wurden zudem vorab Modalsprechproben der Versuchspersonen aufgenommen.

60

Meinerz konnte feststellen, dass unter dem Einfluss eines Lombard-Stressors in Form des Weißen Rauschens ein Ansteigen der mittleren Stimmlippengrundfrequenz zu verzeichnen war[64]. Meinerz bestätigte damit die Ergebnisse früherer Studien betreffend der Auswirkungen von Lombard-Stress auf die Sprachproduktion in Bezug auf Grundfrequenzparameter.

Die Ergebnisse zu den Auswirkungen von Lombard-Stress auf die Sprachproduktion zeigen im Einzelnen, dass stimmlich-sprachliche Veränderungen dann verstärkt auftreten, wenn sich die jeweils Lärmgestressten in einer Situation der Kommunikation befinden. Damit lässt sich die ursprüngliche Beobachtung von Lombard (1911) belegen: Der Lombard-Reflex kommt vor allem dann zum Tragen, wenn ein Sprecher sich für seinen Gesprächspartner verständlich machen will.

Junqua (1996) fasst die Auswirkungen von Lombard-Einfluss auf die Sprachproduktion im Vergleich zu Modalbedingungen wie folgt zusammen:

"The main acoustic changes between normal and Lombard speech can be summarized as follows:

- *increase in fundamental frequency (F0),*

---

[64] Siehe Kapitel 4.2

- *shift in energy from low frequency bands to middle or high bands,*
- *increase in amplitude,*
- *increase in spectral tilt,*
- *shift in formant center frequencies for F1 (mainly) and F2. This point is also illustrated in Figure 2, from a study of American English"*

Junqua (1996) nennt die folgenden primären Veränderungen der stimmlich-sprachlichen Parameter unter Einfluss eines Lombard-Stresses: Anstieg der mittleren Grundfrequenz, Anstieg der Amplitude und Veränderungen der Vokalformanten in Form von Verschiebungen der Mittenfrequenzen. Für die vorliegende Arbeit spielen jedoch, wie bereits erläutert, insbesondere die Auswirkungen auf die mittlere Stimmlippengrundfrequenz eine Rolle.

2.3.2 Spezielle Einflüsse auf die Stimmlippengrundfrequenz

Neben der Störschallbelastung beeinflussen eine Reihe weiterer Faktoren die Intra-Varianz der Frequenz der Stimmlippenschwingungen bei der Sprachproduktion. Nach Braun (1995) lassen sich hier drei Kategorien unterscheiden:

psychologische, physiologische und technische. Auch Lindh (2006) bezieht sich auf diese Einteilung:

Zu den technischen Faktoren gehören die zeitliche Dauer der zu messenden Äußerungen[65], die Verwendung elektronischer Sprachverzerrer und bei analogen Magnetbandaufzeichnungen die Bandlaufgeschwindigkeit[66].

Das Alter eines Sprechers bzw. seine physiologische Lebensphase[67], können ebenso wie Alkoholeinfluss[68] zu den physiologischen Einflussfaktoren der Stimmlippen-grundfrequenz gezählt werden. Dazu gehören weiterhin morphologische Ver-änderungen der Stimmlippenanatomic durch operative Eingriffe.

Die emotionale Verfassung eines Sprechers schließlich wird nach Braun den psychologischen Einflussfaktoren zugeordnet. Auch Petrushin (2000) konnte belegen, dass sich die F0 je nach affektivem Zustand, z.B. Furcht oder Wut, deutlich verändert. Traunmüller und Eriksson (1995) weisen ebenfalls auf die emotionale Komponente als Einfluss auf die mittlere F0 hin[69]. Weitere Belege solcher Veränderungen können auch in den Studien von Kappas et al. (1991)

---

[65] Nolan, 1983.

[66] Braun, 1995.

[67] Hollien, Hollien & de Jong, 1997.

[68] Künzel, Braun & Eysholdt, 1992.

[69] Traunmüller & Eriksson, 1995.

sowie Cowie et al. (2003) gefunden werden. Nach Braun (1995) wird der Lombard-Einfluss, d.h. Veränderungen der Stimmlippen-grundfrequenz unter Lärmeinfluss, ebenfalls in die Kategorie der psychologischen Faktoren eingeordnet. Unter den psychologischen Faktoren verweist die Autorin auf spezielle situative Umstände, die die Grundfrequenz beeinflussen. Dazu gehören die Tageszeit und der Umstand, ob die sprachlichen Äußerungen spontan erfolgen oder es sich um das Verlesen eines Textes handelt. Die Autorin bezieht sich dabei auf die Arbeiten von Schultz-Coulon (1975), Hanley (1966) und Hudson und Holbrook (1982). Auch Jessen et al. (2005) verweisen darauf, dass die Aufgabenstellung (Lesen vs. Spontansprache) einen Einfluss auf die mittlere Grundfrequenz hat. In welcher Richtung die Aufgabenstellung die F0 beeinflusst, lässt sich jedoch aufgrund der vorliegenden Forschungsergebnisse nicht eindeutig beantworten.

Köster (2000) hat in einer Studie nachweisen können, dass physische Anstrengung ebenfalls eine Auswirkung auf die Stimmlippengrundfrequenz haben kann. Sie untersuchten vergleichend dazu die durchschnittliche F0 im Ruhezustand und nach physischer Belastung durch Treppensteigen. Es konnte dabei nachgewiesen werden, dass die mittlere F0 auch bei körperlicher Anstrengung ansteigt.

Die in diesem Kapitel genannten speziellen Faktoren sind ganz offensichtlich von Bedeutung bei Grundfrequenzmessungen in sprachlichen Äußerungen aus dem forensischen Umfeld. Forensisch relevante Forschung muss sich daher an Sprachmaterial orientieren, welches sogenannte *"real-world"*-Bedingungen reflektiert.

2.3.3 Sprechen unter forensischen Bedingungen

Sprachmaterial, welches im forensischen Kontext erhoben wurde, ist in der Regel dadurch gekennzeichnet, dass es telefongebunden ist[70]. Dies wirkt sich in unterschiedlicher Weise aus. Hierbei lässt sich die Telefonsituation, die Telefonübertragung sowie das akustische Umfeld der Telefonbenutzung unterscheiden.

2.3.3.1 Telefonübertragung

Die Telefonübertragung bezieht sich auf Umstände, die den reinen Übertragungsweg des Sprachsignals betreffen. In erster Linie bezeichnet dies Einschränkungen im Dynamikbereich[71] und eine Bandpassfilterung[72] [73]. Aus der Digitalisierung der

---

[70] Künzel, 2001.

[71] 30 dB gegenüber 60 dB bei direkt aufgezeichneten Raumgesprächen (Quelle: Künzel, 2001)

[72] Durchlassbereich 300-3400 Hz

[73] Künzel, 2001.

65

Telefonübertragung, speziell der Mobiltelefonie, ergibt sich ein weiterer Umstand, der die Qualität des übertragenen Sprachsignals beeinträchtigt. Dieser besteht in der systembedingten Audiokompression. Der Grad der Beeinträchtigung hängt dabei vom jeweiligen Kodierungsverfahren ab[74], wie auch zu berücksichtigen ist, ob Festnetz oder Mobilfunk involviert sind.

Zwei dieser Kodierungsverfahren, welche auch diese Form der Kompression mit sich bringen, werden im Folgenden exemplarisch kurz vorgestellt:

1) Huffman-Codierung: Das Grundprinzip dieses Codierungs-Verfahrens ist eine Separierung einzelner Nachrichten in einzelne Symbole, welche als statistisch unabhängig voneinander betrachtet werden. Dies hat ebenfalls eine separierte Codierung als Konsequenz. Konkret bedeutet dies, dass häufiger auftretende Symbole mit kurzen Codes, weniger häufig auftretende Symbole mit längeren Codes versehen werden. Im Anschluss daran werden die jeweiligen Codes ihren Symbolen zugeordnet, ihre Darstellung erfolgt in ganzzahligen Bits. Diese Darstellung hat zur Folge, dass eine realitätsgetreue Darstellung nicht gewährleistet ist[75].

---

[74] Köster & Grasmück, 2004.

[75] Malaka, Butz & Hußmann, 2009.

2)   Arithmetische Codierung: Die Arithmetische Codierung unterscheidet sich von vorher beschriebener Form insofern, als dass die Nachrichtensymbole nicht   separat voneinander betrachtet werden. Es liegt ein einziger generierter Code für die gesamte Nachricht vor. Was beide Verfahren allerdings gemeinsam haben, ist die statistische Unabhängigkeit der Symbole. Eine genaue Abbildung der Nachricht mit Hilfe dieser Codierung ist jedoch ebenfalls nicht möglich, da ein einziger Code für die gesamte Nachricht vorliegt, eine realitätsgetreue Abbildung ist auch hier nicht gewährleistet. Hier wird jedes verwendete Symbol mit einer rationalen Zahl versehen[76].

Eine weitere verlustbehaftete Audiokompression kommt vor, wenn telefonübertragene Gespräche, z.B. im Rahmen von Telefonüberwachungsmaßnahmen im MP3-Format gespeichert werden[77]. Die Qualität des Sprachsignals wird dann entscheidend weiter beeinträchtigt, wenn die Speicherung mit einer niedrigen Bit-Rate erfolgt[78], wie z.B. 32 oder gar 16 kbps. Dabei können Verschiebungen der Formantfrequenzen auftreten, was die Validität von Formantmessungen bei einer Anwendung von Formant-extraktionsverfahren in Frage stellt. Zudem können auch Frequenzlöschungen dabei beobachtet werden[79]. Eine nennenswerte

---

[76] Malaka, Butz & Hußmann, 2009.

[77] Masthoff & Meinerz, 2012.

[78] Meinerz & Masthoff, 2011.

[79] *"spectral zeroes"* (Quelle: Meinerz & Masthoff, 2011)

Auswirkung auf die Stimmlippengrundfrequenz konnte bislang allerdings nicht nachgewiesen werden. In einer Studie von Köster und Grasmück (2004) wurde gezeigt, dass eine MP3- und Atrac-kodierte Audiokompression keine Auswirkungen auf die zeitbasierte Grundfrequenzextraktion[80] hat, auf eine spektrumbasierte[81] allerdings schon.

2.3.3.2   Akustisches Umfeld der Telefonbenutzung

Die Verfügbarkeit von Telefonen zu jeder Zeit an praktisch jedem Ort ist spätestens seit Einführung der Mobiltelefonie Realität. Dies bedeutet, dass Telefongespräche beispielsweise an befahrenen Straßen, im fahrenden Automobil sowie an Flughäfen und Bahnhöfen geführt werden können. In der Konsequenz ist der Sprecher dabei während der Telefonkommunikation diversen Lärmquellen und Hintergrundgeräuschen unterschiedlicher Qualität ausgesetzt und befindet sich damit potentiell in typischen Lombard-Situationen, die kennzeichnend für forensische *real-world*-Bedingungen sind.

---

[80] z.B. Autokorrelation

[81] z.B. Cepstrum-Verfahren

68

2.3.3.3 Telefonsituation

Die Telefonsituation erzeugt offenbar psychologische Reaktionen, die sich auch auf die Grundfrequenz auswirken können. Hirson et al. (1995) konnten im Rahmen ihrer Studie nachweisen, dass die mittlere Stimmlippengrundfrequenz steigt, wenn ein Sprecher am Telefon im Unterschied zu einer Direktaufzeichnung spricht. Allerdings konnten sie ein Ansteigen der F0 nur bei Spontansprache per Telefon nachweisen, nicht jedoch in Situationen, in welchen Probanden einen Text verlasen.

2.3.4 F0 als sprecherspezifisches Merkmal

Die Stimmlippengrundfrequenz wird in der einschlägigen Forschung verbreitet als sprecherspezifisches Merkmal aufgefasst und wird auch als solches bei forensischen Stimmenvergleichen verwendet. Braun (1995) zitiert hierzu Nolan (1983): "*In general, measures based on the mean deviation of F0 have proved to be among the more successful long-term measures in speaker recognition [...]*". Auch in der praktischen Fallarbeit spielen Grundfrequenzparameter offenbar eine Rolle[82]. In ihrem Bericht über eine Umfrage zur praktischen Fallarbeit stellen Gold und French (2011) fest, dass alle in der

---

[82] Siehe: French, 2007

69

Umfrage erfassten forensisch-phonetischen Praktiker routinemäßg die Grundfrequenz untersuchen, sofern sie nicht ausschließlich die auditive Analysemethode verwenden. Was den Stellenwert der Stimmlippengrundfrequenz im Vergleich zu anderen sprecherspezifischen Merkmalen, sowohl theoretisch als auch in der praktischen Fallarbeit, angeht, sind jedoch die von Braun (1995) angeführten Einflussfaktoren auf jeden Fall zu berücksichtigen.

Künzel (1987) erstellte eine Statistik, in welcher die Verteilung der mittleren F0 bei männlichen und weiblichen Sprechern dargestellt ist. Laut Künzel sind die anatomischen Gegebenheiten einer Person von entscheidender Bedeutung für die mittlere Stimmlippengrundfrequenz. Darüber hinaus nennt er auch die Melodik der Stimme als sprecherspezifisches Merkmal, als deren akustisches Korrelat die Standardabweichung der mittleren F0 gilt. Bei der Bewertung der Sprecherspezifität ist jedoch immer deren Lage innerhalb der Häufigkeitsverteilung der mittleren F0 zu berücksichtigen.

Auch Baldwin & French (1990) weisen darauf hin, dass sich die Stimmlippengrundfrequenz, wie schon aus den o.a. Einflussfaktoren zu ersehen ist, durch eine starke Intra-Variabilität auszeichnet. Zusätzlich ist es nach Baldwin und French von Bedeutung, dass eine ausreichende Menge an Sprachmaterial vorliegt, um eine valide F0-Analyse durchführen zu können[83].

Hudson et al. (2007) belegen durch ihre Studie, dass die Dauer des vorhandenen Sprachmaterials einen Einfluss auf die mittlere Grundfrequenz hat. Auch verweisen die Autoren auf die emotionale Verfassung als weiteren Einflussfaktor[84].

2.3.5   Messmethoden der Stimmlippengrundfrequenz

Zur Grundfrequenzmessung stehen eine Vielzahl von unterschiedlichen Verfahren zur Verfügung[85]. Zum einen gibt es die Möglichkeit der hochpräzisen manuellen Messung mit Hilfe der Periodendauer im Oszillogramm oder der Messung der Teiltonintervalle im schmalbandigen Frequenzspektrum, letzteres allerdings mit einer Genauigkeit, die von Frequenzauflösung im Spektrum abhängig ist. Aufgrund des hohen Zeitaufwands, der mit manuellen Messungen verbunden ist, sind diese nur praktikabel, wenn automatisierte bzw. algorithmische Messverfahren keine oder

---

[83] beispielsweise im Rahmen von forensischen Stimmenvergleichen

[84] Siehe auch Braun, 1995

[85] Eine umfassende Darstellung findet sich bei: Hess, Wolfgang. Pitch determination of speech signals: algorithms and devices. Vol. 3. Springer Science & Business Media, 2012.

nur lückenhafte Ergebnisse liefern. Für die automatisierte Messung stehen Verfahren zur Verfügung, die im Wesentlichen in zwei Gruppen eingeteilt werden können: Verfahren, die die Grundfrequenzinformation aus dem Frequenzbereich ableiten und Verfahren, die diese aus dem Zeitbereich ableiten. Nach Künzel (1987) sind im forensischen Umfeld, in dem in der Regel telefonübertragenes Material mit potenziell beeinträchtigter akustischer Qualität zu untersuchen ist, zur Gewährleistung zuverlässiger Messergebnisse zeitsignalbasierte Verfahren zu bevorzugen[86]. Zu den spektrumbasierten Verfahren gehört die Berechnung über das Cepstrum, unter den zeitsignalbasierten Verfahren sind das *"peak-to-peak"*- sowie das Autokorrelationsverfahren zu nennen.

2.3.5.1   Das *"Peak-to-Peak*-Verfahren"

Beim *"peak-to-peak"*- bzw. *"peak-picking"*-Verfahren ist grundsätzlich, zur Markierung der Periodengrenzen, die zeitliche Dauer von einem Amplitudenmaximum zum nächsten maßgebend. Solche *Peaks* werden bestimmt und mit Hilfe des sogenannten *"comparators"*[87] in positive und negative Werte eingeteilt. Dieser

---

[86] Künzel, 1987.

[87] Baken & Orlikoff, 2000.

Einteilung liegt ein vorher festgelegter Schwellenwert zugrunde. Fällt ein *Peak* unter bzw. über eine bestimmte Schwelle, wird er entweder als positiv oder negativ bzw. relevant oder irrelevant für die Periodengrenze erkannt. Zusätzlich stellt der *"comparator"* sicher, dass jeweils nur das Amplitudenmaximum einer jeden Periode bewertet wird. Ein *"slope detector"*[88] ist parallel für die Erkennung eines Wechsels von negativen zu positiven Werten zuständig, um den Beginn einer neuen Periode innerhalb eines Signals festzulegen.[89] Die zeitlichen Intervalle werden danach in die Formel F=1/t eingesetzt, um daraus die momentane F0 zu berechnen.[90] Voraussetzung für die Validität der gemessenen Frequenz ist, dass die *"peaks"* ausschließlich aus periodischen Anteilen des Sprachsignals ermittelt werden.

---

[88] Baken & Orlikoff, 2000.

[89] Baken & Orlikoff, 2000.

[90] Griffiths & De Haseth, 2007.

Abbildung 1 Schematische Darstellung des *"Peak-Picking*-Verfahrens":
Amplitudenmaxima aus drei aufeinander folgenden Perioden

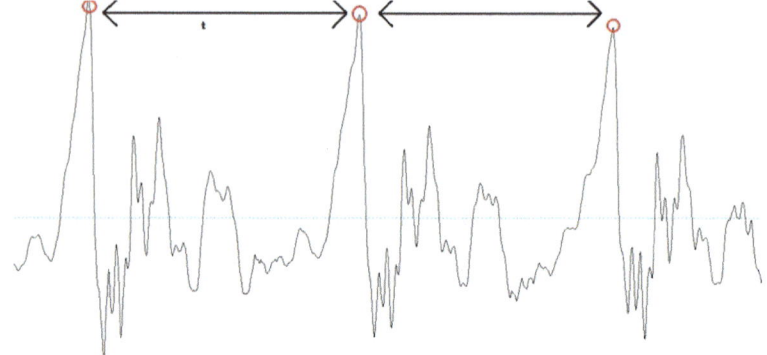

Quelle: Erstellung mit PRAAT.

Abbildung 1 zeigt anhand eines Oszillogramms, wie das *"peak-to-peak*-Verfahren"* grundsätzlich funktioniert. Auf der X-Achse ist der Zeitbereich abgetragen, auf der Y-Achse die Amplitude. Es ist zu erkennen, dass eine Messung von einem Amplitudenmaximum zum nächsten unter Berücksichtigung der Periode vorgenommen wird. Dieser Vorgang wird zeitlich fortschreitend wiederholt, bis das gesamte zu messende Sprachsignal erfasst ist.

2.3.5.2   Das Verfahren der Autokorrelation

Bei der Autokorrelation wird zunächst vom vorhandenen Signal eine interne Kopie erstellt. Im Prinzip werden danach Kopie und Original innerhalb von vorher festgelegten Analysefenstern zeitlich verschoben und miteinander verglichen bzw. korreliert[91]. Bestimmt werden danach die zeitlichen Intervalle von Korrelationsmaxima oder -minima, welche dann wiederum die in die Formel $F=1/t$ eingesetzt werden, woraus wiederum die momentane F0 errechnet wird.[92] Auch hier ist die Voraussetzung für die Validität der gemessenen Frequenz, dass ausschließlich periodische Signalanteile korreliert werden.

2.4 Zusammenfassung, Forschungsüberblick und Fragestellung

Die Auswertung der zum Lombard-Einfluss auf die Sprachproduktion vorliegenden Literatur ergibt, dass u.a. die mittlere Stimmlippengrundfrequenz bei Sprechern, die mit Störschall belastet werden gegenüber einer Sprachproduktion unter Ruhe- bzw. Modalbedingungen ansteigt. Dies ist im Hinblick auf die zu entwickelnden Fragestellungen dieser Arbeit von entscheidender Bedeutung. Es liegen zudem Hinweise darauf vor, dass darüber hinaus die Art und die Stärke des Störschalls einen Einfluss auf akustisch-phonetische Parameter allgemein, im Besonderen jedoch auch auf die Grundfrequenz, haben. Ausdrücklich ist dieser Einfluss

---

[91] Boersma & Weenink, 2001.

[92] Rasch et al., 2004.

der Art des Störschalls aus forensisch-phonetischer Perspektive in der Forschung jedoch nicht systematisch thematisiert worden. Die Fragestellungen im empirischen Teil dieser Arbeit werden sich daher am Einfluss von Störschallbelastung unterschiedlicher Art und Stärke auf Grundfrequenzparameter sowie an deren Verteilungen im Vergleich von Lombard- und Modalbedingungen unter forensisch-phonetischen Gesichtspunkten orientieren. Die mittlere Grundfrequenz gilt als sprecherspezifische Größe und wird in der praktischen Fallarbeit auch berücksichtigt. Allerdings ist die mittlere F0 abhängig von verschiedenen technischen, physiologischen und psychologischen Einflussfaktoren[93], wodurch ihr Gewicht als sprecherspezifisches Merkmal offensichtlich zu relativieren ist. Zu letzteren Faktoren zählt auch die Aufgabenstellung (Lesen gegenüber Spontansprache) ebenso wie die Lombard-Situation. Diese ist im forensischen Umfeld nicht selten, wie am Beispiel der Mobiltelefonie dargestellt wurde. Daraus entsteht das potenzielle Problem, dass bei forensischen Stimmenvergleichen beispielsweise zwei Sprechproben gegenüber gestellt werden müssen, wobei eine unter ruhigen Bedingungen, d.h. im Modalmodus, realisiert wurde, die andere hingegen unter Störschallbelastung, d.h. im Lombardmodus. Ein Defizit der ausgewerteten Literatur zum Lombard-Einfluss auf die Grundfrequenz besteht darin, dass die Ergebnisse im Wesentlichen auf Störschallbelastung beruhen, welche untypisch (Weißes

---

[93] Braun, 1995.

Rauschen) für das forensische Umfeld (Verkehrslärm, Stimmengewirr oder Musik) ist. Ein zusätzlicher Aspekt ergibt sich daraus, dass die Vergleichbarkeit von Grundfrequenzparametern aus Modal- und Lombardmodi bislang nur punktuell beforscht wurde. Aus den Erkenntnissen des Forschungsüberblicks werden daher, für die im Rahmen dieser Arbeit durchzuführenden empirischen Untersuchungen, folgende Arbeitshypothesen formuliert:

1. Die mittlere Grundfrequenz steigt bei Sprechen unter Störschallbelastung (Lombard-Bedingung) im Vergleich zu Sprechen im Ruhezustand (Modal-Bedingung). Dabei

   a. besteht ein positiver Zusammenhang zwischen dem Ausmaß des Anstiegs der mittleren Grundfrequenz und dem Intensitätspegel der Störschall-belastung.

   b. ist das Ausmaß des Anstiegs der mittleren Grundfrequenz unter Störschallbelastung abhängig von der Art der Störschallbelastung.

   c. ist die mittlere Grundfrequenz bei Spontansprache und Lesen unterschiedlich, sowohl bei der Modalbedingung als auch unter der Lombard-Bedingung.

2. Die Standardabweichung steigt bei Sprechen unter Störschallbelastung (Lombard-Bedingung) im Vergleich zu Sprechen im Ruhezustand (Modal-Bedingung). Dabei

    a. besteht ein positiver Zusammenhang zwischen dem Ausmaß des Anstiegs der Standardabweichung und dem Intensitätspegel der Störschall-belastung.

    b. ist die Ausprägung der Standardabweichung abhängig von der Art der Störschallbelastung.

    c. ist die Standardabweichung bei Spontansprache und Lesen unterschiedlich, sowohl bei der Modalbedingung als auch unter Lombard-Bedingung.

3 Versuchsaufbau

In Kapitel 3 wird dargestellt, welche Ausgangsbedingungen und welcher Versuchsablauf für das Experiment in der vorliegenden Arbeit gegeben sind. Zunächst wird das Ausgangsmaterial vorgestellt, im Anschluss daran werden die technischen Voraussetzungen und der Versuchsablauf erklärt und zum Schluss wird die zur Exktraktion der mittleren F0 und der Standardabweichung angewendete Messmethode beschrieben.

3.1 Ausgangsmaterial

Zur Untersuchung der aus dem theoretischen Teil entwickelten Arbeitshypothesen wurden von 31 männlichen Versuchspersonen, mit uneingeschränktem Hörvermögen, im Alter zwischen 20-25 Jahren, Polizeischüler der Landespolizeischule Rheinland-Pfalz, Sprechproben aufgezeichnet. Im weiteren Verlauf der Arbeit sind diese Sprechproben mit den laufenden Nummern 1-31 gekennzeichnet. Im Einzelnen lagen von jedem der 31 Sprecher insgesamt zwölf Proben nach folgendem Muster vor:

Tabelle 3 Übersicht über erstellte Sprechproben

Lesen (Text s. Anhang)	Spontansprache (s. Anhang)
Modalmodus	Modalmodus
Lombardmodus: Stimmengewirr 70dB	Lombardmodus: Stimmengewirr 70dB
Lombardmodus: Stimmengewirr 80dB	Lombardmodus: Stimmengewirr 80dB
Lombardmodus: Fahrgeräusche 70dB	Lombardmodus: Fahrgeräusche 70dB
Lombardmodus: Fahrgeräusche 80dB	Lombardmodus: Fahrgeräusche 80dB
Lombardmodus: Weißes Rauschen 60dB	Lombardmodus: Weißes Rauschen 60dB

Quelle: Eigene Erstellung.

Tabelle 3 zeigt eine Übersicht über die jeweils erstellten Sprechproben für die einzelnen Versuchspersonen. Für Lesen und Spontansprache liegen für jede VP jeweils eine Modalprobe und insgesamt fünf Lombardproben vor. Insgesamt gibt es für jede VP also 12 einzelne Sprechproben.

Die Dauer der Leseproben schwankte unter den Vpn zwischen 90-120 Sekunden, die der Spontanproben je nach Netto-Sprachanteil zwischen 90-130 Sekunden. Nach French entspricht dies damit einer für eine zuverlässige Messung der Grundfrequenz ausreichenden Dauer[94]. Das vorzutragende Material bestand aus einer

---

[94] 60-Sekundenzeitfenster ausreichend zur Gewährleistung akustischer Analysen (Quelle: French, 2007)

Bildergeschichte ("Vater und Sohn") für das spontane Sprechen und aus einem Märchen für den Lesetext.

3.2   Technische Voraussetzungen

Die Sprechproben wurden mit einem SONY Stereo-Kondensator-Ansteckmikrofon Modell ECM-T145 unter der Verwendung einer externen Soundkarte *Creative*, Modell 80300, digital im windows.wav-Format mit 44,1 kHz-Abtastrate, 16-bit-Quantisierung bei manueller Aussteuerung über Adobe Audition 1.5 auf einem Laptop-Computer aufgezeichnet. Die Lombard-Bedingung wurde hergestellt, indem den Vpn das jeweilige Störgeräusch über einen ohrumschließenden, offenen Kopfhörer der Marke SENNHEISER, HD 250 von einem weiteren Laptop unter Verwendung einer weiteren Soundkarte des o.a. Modells und Adobe Audition 1.5 eingespielt wurde. Die zur Simulation des Lombard-Einflusses verwendeten Störschälle (Fahrgeräusch und Stimmengewirr) wurden mit einem ROLAND R-05 wav/mp3-Rekorder gleichfalls mit 44,1 kHz-Abtastrate sowie 16-bit-Quantisierung im windows.wav-Format aufgezeichnet. Dabei wurde das Fahrgeräusch während einer Autobahnfahrt in einem Ford Mondeo, Baujahr 2001, mit 2,0-Liter Ottomotor bei konstant 120 km/h aufgenommen, das Stimmengewirr im Einkaufszentrum „Trier-Galerie" zu einer, in der

Regel hochfrequentierten, Tageszeit zwischen 12.00-13.00 Uhr im Bereich der Gastronomie aufgezeichnet.

Abbildung 2 10 Sekunden des Fahrgeräuschs im
Breitbandsonagramm

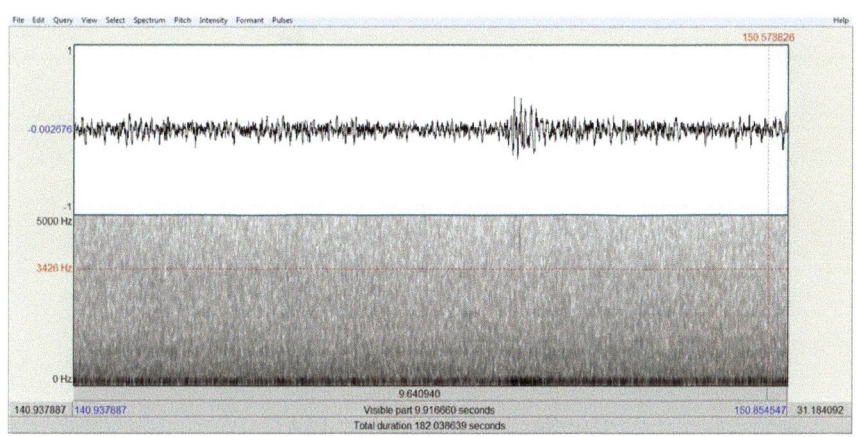

Quelle: Erstellung mit PRAAT.

Abbildung 3 10 Sekunden des Fahrgeräuschs im Schmalbandsonagramm

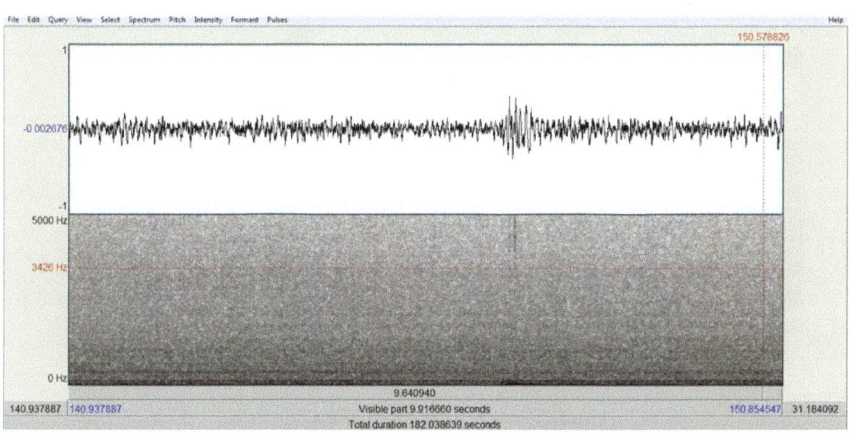

Quelle: Erstellung mit PRAAT.

Abbildung 4 10 Sekunden des Stimmengewirrs im Breitbandsonagramm

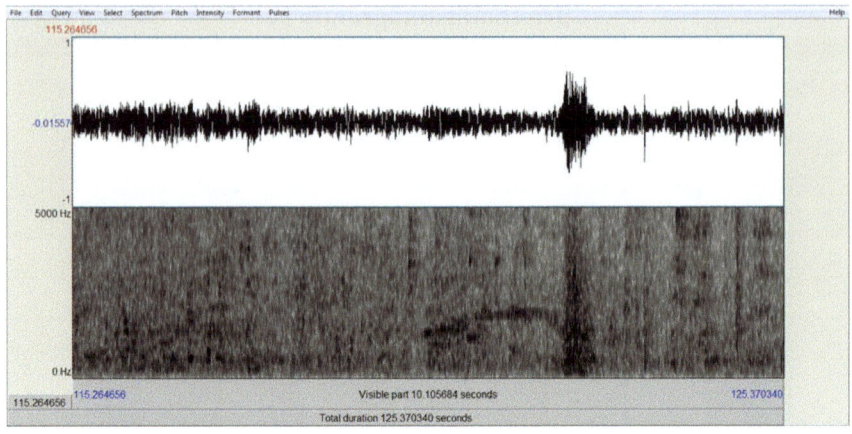

Quelle: Erstellung mit PRAAT.

Abbildung 5 10 Sekunden des Stimmengewirrs im Schmalbandsonagramm

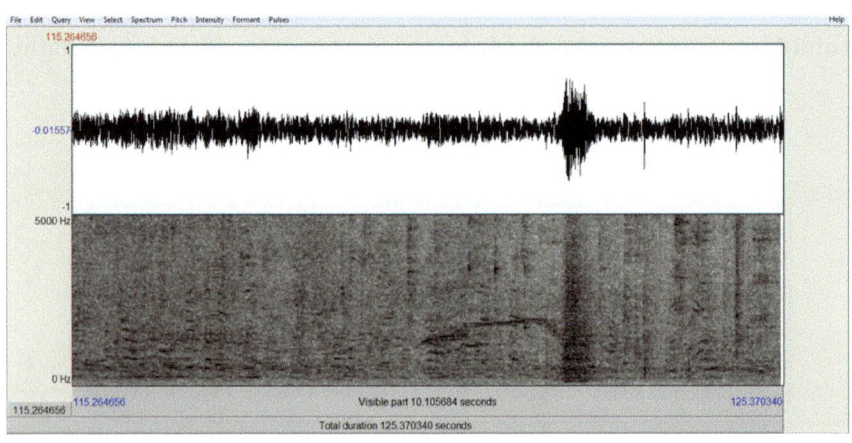

Quelle: Erstellung mit PRAAT.

84

Die Abbildungen 2 - 5 lassen erkennen, dass das Fahrgeräusch in Bezug auf seinen zeitlichen Verlauf und seine Frequenzstruktur deutlich konstanter und homogener ausfällt als das Stimmengewirr. Oszillographisch und sonagraphisch zeigen sich die typischen Merkmale der Grundschallform „Rauschen", wobei die Hauptenergie im Bereich unterhalb von 300 Hz vorhanden ist. Das Stimmengewirr offenbart hingegen eine größere Varianz sowohl über die Zeit als auch die Frequenz. Auffällig sind die wiederkehrenden harmonischen Anteile, die sich aus den vorhandenen Hintergrundstimmen ergeben.

Das Weiße Rauschen wurde mit Hilfe von Adobe Audition 1.5 mit einer Bandbreite von 20 kHz generiert. Die verschiedenen Intensitätsstufen des Fahrgeräuschs und des Stimmengewirrs (70 und 80 dB) wurden realisiert, indem mit Hilfe eines Schallpegelmessers NTI XL2[95] der Lautstärkeregler am Laptop so eingestellt wurde, dass in ca. einem Zentimeter Abstand von der Kopfhörermembran die entsprechenden Pegel vorhanden waren. Anhand von Vorversuchen mit zwei normal hörenden Versuchspersonen[96] und unter Berücksichtigung der in der Literatur häufig verwendeten Schallpegel wurde die Entscheidung getroffen, das Fahrgeräusch und das Stimmengewirr auf 70 und 80 dB

---

[95] dB/A-Bewertung

[96] eine männliche, eine weibliche Person

einzustellen. 70 Dezibel empfanden die beiden Vpn als störend, 80 dB als unangenehm, noch höhere Pegel an der Grenze des Zumutbaren. Die Anwendung höherer Pegel wurde daher unterlassen, da die Vpn den Störschällen ja auch über einen längeren Zeitraum (s.o.) ausgesetzt werden sollten. Das Weiße Rauschen wurde mit einem Pegel von 60 dB realisiert, um die Messergebnisse der diesbezüglichen Sprechproben mit denen aus Meinerz (2010) vergleichbar zu machen und um diese gegebenenfalls statistisch ergänzen zu können.

3.3 Ablauf der Sprechprobenabnahme

Den Versuchspersonen waren die Hintergründe des Experiments und die Fragestellungen vorab nicht bekannt. Erst nach Abschluss der Sprechprobenabnahmen wurden sie dahingehend informiert. Jede Versuchsperson wurde zunächst in den Ablauf der Sprechprobenabnahme und in die zu leistende Aufgabe eingewiesen. Tabelle 4 zeigt die chronologische Abfolge und die Dauer (ca.) der einzelnen Abschnitte, die sich auf insgesamt ca. 25 Minuten Sprechzeit für die Sprechprobe insgesamt summieren.

Zwischen den einzelnen Schritten lag jeweils eine Pause von ca. 30-60 Sekunden, in der die jeweilige Aufzeichnung gespeichert und die Materialien gewechselt wurden. Die Pause sollte den Versuchspersonen gleichzeitig zur kurzen Regeneration dienen. Inklusive der Pausen ergibt sich damit eine Gesamtdauer der Sprechprobenabnahme von ca. 30 Minuten. Um einen Gewöhnungseffekt an die Aufnahmesituation bzw. das vorzutragende Material zu vermeiden, wurde den Versuchspersonen für jede einzelne Aufnahmebedingung neues Bild- bzw. Lesematerial vorgelegt. Aufgrund der Erkenntnisse aus den Vorversuchen wurde der Ablauf der Probenabnahme in Bezug auf die Art des Störschalls so strukturiert, dass zunächst das Fahrgeräusch und dann das Stimmengewirr angewendet wurden. Die Vpn aus den Vorversuchen gaben an, dass sie das Stimmengewirr als belastender als das Fahrgeräusch empfanden. Daher wurde die Reihenfolge der

Einspielung der Störgeräusche nach dem Prinzip der Steigerung festgelegt.

Tabelle 4 Dauer der Erhebung der einzelnen Sprechproben

Schritte	Zeitliche Dauer (ca.)
Einweisung der Versuchspersonen in den Ablauf und die zu verwendenden Materialien, Versorgung mit Mikrofon und Kopfhörern	3 min.
Anlesen zur individuellen Anfangsaussteuerung der Aufnahme Aufzeichnung	1 min.
Aufzeichnung Modalprobe: Lesen	2 min.
Aufzeichnung Modalprobe: Spontan	2 min.
Aufzeichnung Lombardprobe: Lesen (Fahr-geräusche: 70 dB)	2 min.
Aufzeichnung Lombardprobe: Spontan (Fahr-geräusche: 70 dB)	2 min.
Aufzeichnung Lombardprobe : Spontan (Fahr-geräusche: 80 dB)	2 min.
Aufzeichnung Lombardprobe: Lesen (Fahr-geräusche: 80 dB)	2 min.
Aufzeichnung Lombardprobe: Spontan (Stimmengewirr: 70 dB)	2 min.
Aufzeichnung Lombardprobe: Lesen (Stimmengewirr: 70 dB)	2 min.
Aufzeichnung Lombardprobe: Spontan (Stimmengewirr: 80 dB)	2 min.
Aufzeichnung Lombardprobe: Lesen (Stimmengewirr: 80 dB)	2 min.
Aufzeichnung Lombardprobe: Spontan (Weißes Rauschen: 60 dB)	2 min.
Aufzeichnung Lombardprobe: Lesen (Weißes Rauschen: 60 dB)	2 min.
Gesamtdauer der reinen Sprechzeit	Ca. 28 Minuten

Quelle: Eigene Erstellung.

Das Weiße Rauschen diente, wie oben erwähnt, dem Vergleich der Ergebnisse aus dieser Arbeit mit denen aus Meinerz (2010) und wurde daher als Zusatzoption abschließend angewendet. Das Weiße

Rauschen hatte eine Intensität von 60 dB, um, wie o.a., den Vpn den gleichen Störschall darzubieten, den auch Meinerz (2010) verwendet hatte.

Im Folgenden ist exemplarisch eine der sechs verwendeten Bildergeschichten abgebildet, welche den Vpn im Rahmen des Experiments als Vorlage dienten.

Abbildung 6 Schematische Darstellung über Versuchsablauf

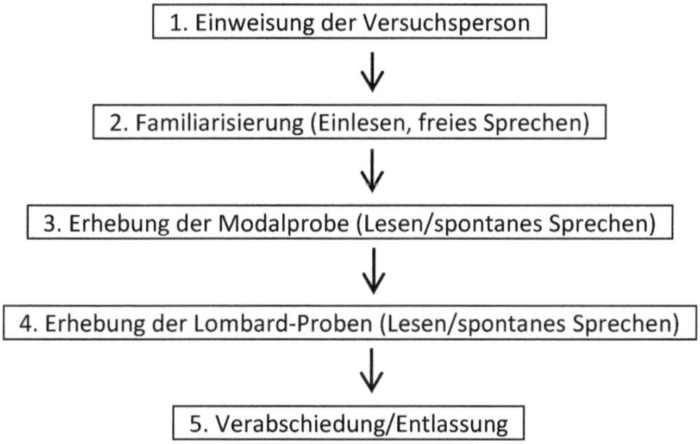

1. Einweisung der Versuchsperson

↓

2. Familiarisierung (Einlesen, freies Sprechen)

↓

3. Erhebung der Modalprobe (Lesen/spontanes Sprechen)

↓

4. Erhebung der Lombard-Proben (Lesen/spontanes Sprechen)

↓

5. Verabschiedung/Entlassung

Quelle: Eigene Erstellung.

Abbildung 6 zeigt den Ablauf einer Sprechprobenabnahme, wie er sich den einzelnen Vpn darstellte. Nach einer Einweisung mit einer sich anschließenden Familiarisierungsphase wurden die Modal- und die Lombard-Proben erhoben, wobei eine zusätzliche kurze Erläuterung zum Ablauf der Erhebung der Lombard-Proben erfolgte.

Abschließend wurden die Sprechproben durch den Versuchsleiter nachbereitet. Dies geschah jeweils in Abwesenheit der Vpn.

Aus der in Tabelle 4 gezeigten Struktur der Sprechprobenabnahme ergeben sich für jede Versuchsperson insgesamt 12 verschiedene Sprachaufzeichnungen. Diese setzen sich aus den beiden Aufgabenstellungen des spontanen Sprechens und des Vortragens eines Lesetexts sowie den verschiedenen Bedingungen zusammen. Für jede Aufgabenstellung liegen demnach pro Versuchsperson eine Modalaufzeichnung als Vergleichsprobe sowie fünf verschiedene Aufzeichungen unter dem Einfluss eines Störschalls (hier: vier *„real-world"-Bedingungen* und ein synthetischer Störschall) vor. Die nachfolgende Abbildung zeigt eine Übersicht über die für jede Versuchsperson vorliegenden Sprachaufzeichungen, die zur Analyse zur Verüfung standen. Die beiden im Anschluss daran folgenden Abbildungen dienen ebenfalls einer vereinfachten Darstellung der Analysekriterien in Bezug auf untersuchte F0-Parameter und deren Darstellung und Betrachtung in verschiedenen Dimensionen.

Abbildung 7 Übersicht über erstellte Sprechproben

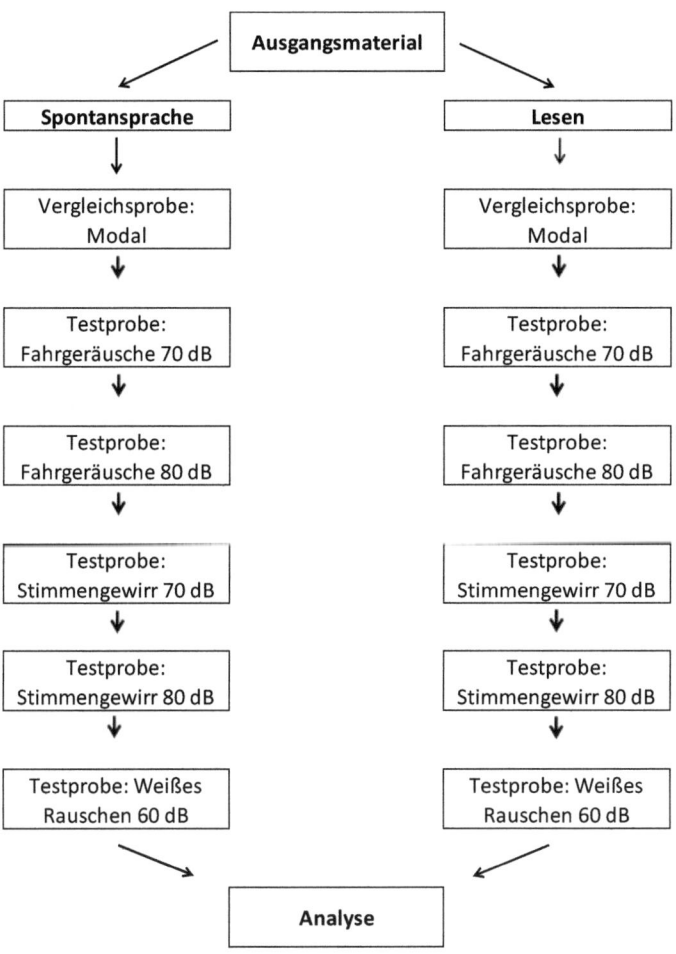

Quelle: Eigene Erstellung.

Abbildung 8 Übersicht über Auswertung der stimmtlich-sprachlichen
Parameter – mittlere F0 und Standardabweichung

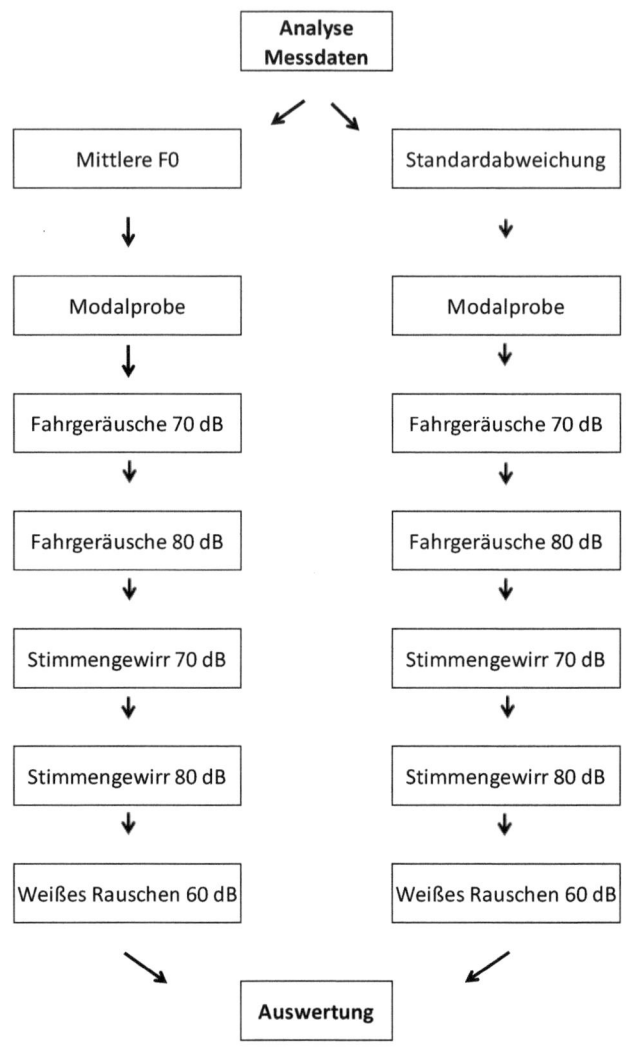

Quelle: Eigene Erstellung.

Abbildung 9 Übersicht über Auswertung der Messdaten in verschiedenen Dimensionen

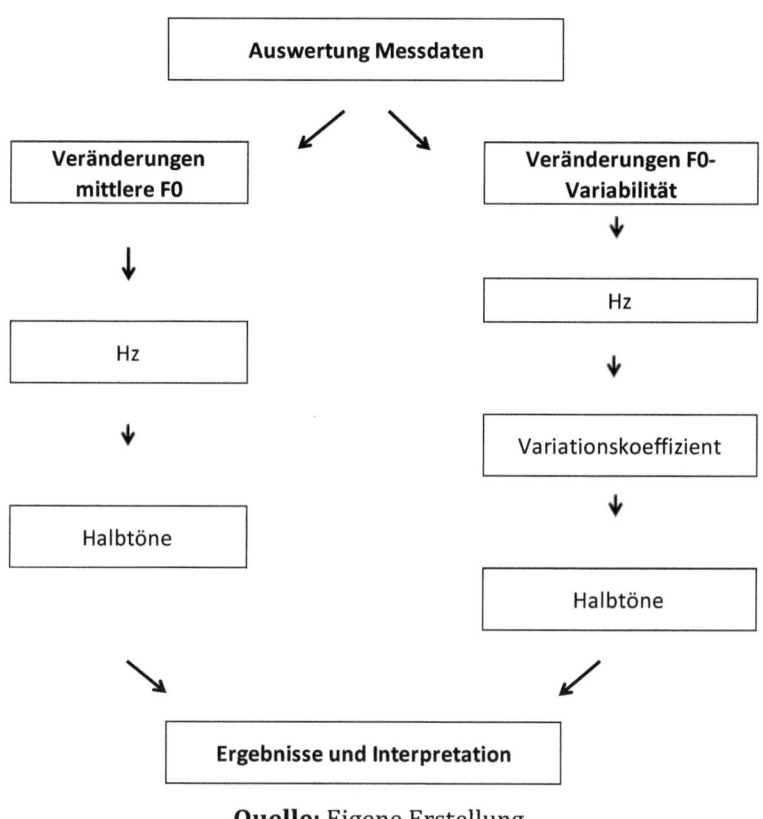

Quelle: Eigene Erstellung.

Die Abbildungen 6 - 8 zeigen schematisch die Gliederung der einzelnen Schritte bei der Analyse und der Betrachtung der Ergebnisse.

Abbildung 7 legt dar, wie sich die einzelnen Sprechproben der Versuchspersonen ergeben. Insgesamt liegen pro Versuchsperson 12 Proben vor, davon jeweils sechs Proben für spontanes Sprechen und sechs Proben für Lesen. Die unter Ruhebedingungen aufgezeichnete Sprechprobe diente stets als Kontrollaufzeichnung.

In Abbildung 8 wird gezeigt, nach welchen Kriterien das Ausgangsmaterial untersucht wird. Wie eingangs diskutiert, werden im Rahmen dieser Arbeit jeweils die mittlere F0 sowie die Standardabweichung untersucht.

Abbildung 9 zeigt die einzelnen Dimensionen, in welchen die F0-Parameter betrachtet werden. Bei der mittleren F0 werden die Messwerte in der akustischen Dimension, mit Hilfe der Hz-Skala, und in der wahrnehmungsbezogenen Skala, mit Hilfe der Halbtöne, betrachtet. Die Grundfrequenzvariabilität wird auf drei Ebenen repräsentiert: die akustische Ebene in Hz, die wahrnehmungsbezogene Ebene in Halbtonschritten (HT) und die Ebene des Variationskoeffizienten als relatives Streuungsmaß (VK).

3.4 Messmethode

Sämtliche auditiven und akustischen Analysen wurden mit Hilfe von PRAAT durchgeführt[97]. Signalverarbeitungsbasierte Grundfrequenz-extraktionsverfahren haben die Eigenschaft, mehr oder weniger stark fehlerbehaftete Messergebnisse zu liefern[98]. Die Gründe hierfür sind die sich im zeitlichen Verlauf des Sprachsignals in Form von fortlaufender Rede grundsätzlich schnell verändernden Schalleigenschaften. In erster Linie ist hier der Wechsel von periodisch zu aperiodisch, also von stimmhaft zu stimmlos, zu nennen. Auch der grundlegende Umstand des Wechsels von Pausen und Sprachsignal ist von Bedeutung, vor allem dann, wenn in den Pausen nichtsprachliche Nebengeräusche, die durchaus periodische Eigenschaften haben können (z.b. Signaltöne oder Musik), präsent sind. Grundsätzlich kann eine valide Grundfrequenz nur dann gemessen werden, wenn sie in den stimmhaften Abschnitten einer Sprachaufzeichnung extrahiert wird. Die Validität der Messergebnisse ist außerdem einerseits abhängig vom gewählten Messverfahren[99] anderseits aber von den gewählten Einstellungen,

---

[97] PRAAT bietet die Möglichkeit, zeitsignalbasierte F0-Analysen vorzunehmen, welche im Bereich der Sprechererkennung als gängig gelten (Quelle: Künzel, 1987)

[98] Howard, 1989.

[99] z.B. ob aus dem Frequenz- oder Zeitbereich abgeleitet, s. auch Kapitel 2.3.5

wie der Messbereich[100] oder die zu berücksichtigende Minimalamplitude[101]. Für ein Ergebnis mit optimaler Validität müssten die Einstellungen fortlaufend bei möglichst kleinen Zeitausschnitten an das jeweils anstehende Sprachsignal bzw. die konkrete Sprechprobe manuell optimal angepasst werden, was aber nicht praktikabel ist und in diesem Fall letztlich noch sicherer durch ausschließlich manuelle Messungen im Oszillogramm erreichbar wäre.

Zur Grundfrequenzextraktion und -messung wurde in der vorliegenden Arbeit das in PRAAT implementierte Verfahren der Autokorrelation verwendet. Neben der oben erwähnten, verbreiteten Anwendung von PRAAT in wissenschaftlichen Untersuchungen, bietet es den Vorteil der Verfügbarkeit einer Reihe von einstellbaren Parametern zur Optimierung der Messvalidität, darunter *"silence threshold"*, *"voicing threshold"* und *"pitch range"*. Der Parameter *"voicing threshold"* dient der Festlegung einer Schwelle bezüglich der Nulldurchgangsdichte im Zeitsignal, mit deren Hilfe die Unterscheidung zwischen aperiodisch (stimmlos bzw. Rauschen) und periodisch (stimmhaft bzw. harmonisch) optimiert werden kann. Über den Parameter *"silence threshold"* kann im Wesentlichen die Unterscheidung zwischen Sprache und Nicht-Sprache[102] optimiert

---

[100] *"pitch range"* bei PRAAT

[101] *"silence threshold"* bei PRAAT

[102] z.B. Hintergrundrauschen mit schwacher Amplitude in Sprechpausen

werden. Die Einstellung der *"pitch range"* erlaubt die Anpassung der F0-Extraktion an die sprecher-individuelle Sprechstimmlage als zusätzlichem Element der Optimierung. Wie bereits oben erläutert, arbeitet das Autokorrelationsverfahren zeitsignalbasiert, weshalb es aus forensisch-phonetischer Sicht für die Grundfrequenzextraktion besonders geeignet ist und daher auch hier angewendet wird. In diesem Zusammenhang konnten Köster und Grasmück (2004) nachweisen, dass im forensischen Umfeld die zeitsignalbasierte F0-Extraktion z.B. robust gegenüber Kompressionsverfahren ist.

Im Einzelnen wurde zur Sicherstellung valider Messergebnisse die extrahierte Grundfrequenzkontur auditiv und unter Verwendung schmalbandsonagraphischer Darstellungen in Zeitausschnitten von ca. 5 Sekunden auf ihre Plausibilität hin geprüft und gegebenenfalls durch Anpassung der Analyseparameter optimiert. Fehlerhafte Messwerte äußern sich typischerweise in Ausreißern von der Kontur, die zwangsläufig zu fehlerhaften Mittelwerten, Standardabweichungen und insbesondere auch F0-Maxima und – Minima führen. Abbildung 10 zeigt einen Signalausschnitt mit optimierter F0-Kontur durch Anpassung von Analyseparametern.

Abbildung 10 Sonagraphische Darstellung einer Sprechprobe nach Optimierung der Einstellungen

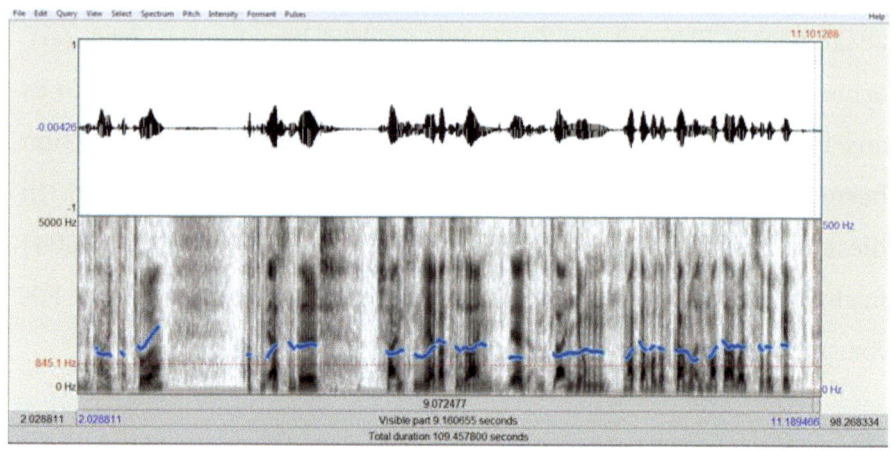

Quelle: Erstellung mit PRAAT.

Die Abbildungen 11 - 13 zeigen exemplarisch verschiedene Typen fehlerhafter Messergebnisse als Folge von unangepassten Analyseparametern.

Abbildung 11 Fehlerbehaftete F0-Extraktion: Typ 1

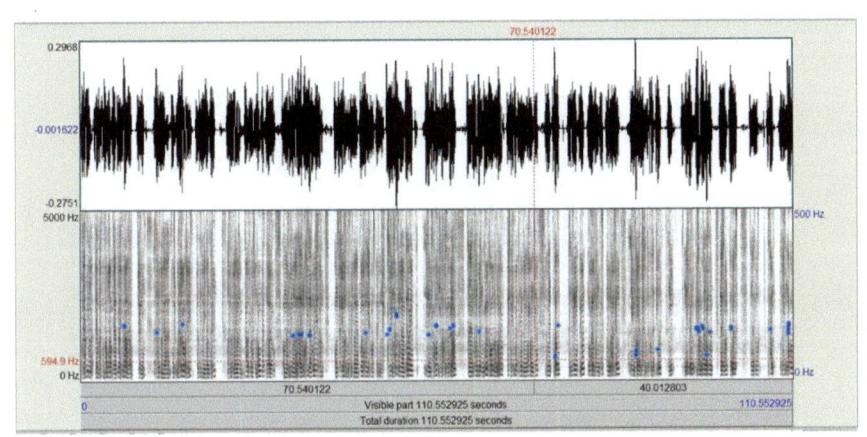

Quelle: Erstellung mit PRAAT.

Es wird aus Abbildung 11 deutlich, dass ein Großteil der stimmhaften, periodischen Anteile nicht in die Messung miteinbezogen wird. Das Fehlen vieler Messwerte der Stimmlippengrundfrequenz hat zur Folge, dass die angezeigte Grundfrequenzkontur lückenhaft ist. Eine valide F0-Messung ist somit nicht gewährleistet.

Abbildung 12 Fehlerhafte F0-Extraktion: Typ 2

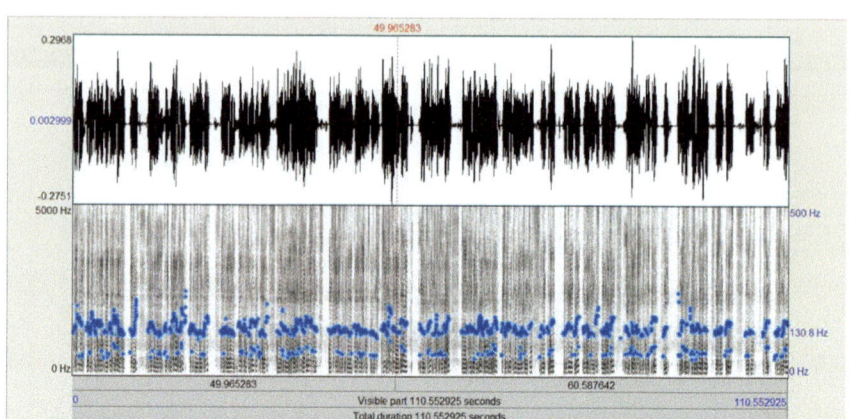

Quelle: Erstellung mit PRAAT.

Ein weiterer Fehlertyp (Abbildung 12) ergibt sich, wenn zwei F0-Konturen angezeigt werden, d.h. zur tatsächlichen mittleren Grundfrequenz wird unter- oder oberhalb eine ein zweites Niveau der Kontur (Oktavsprünge) abgebildet und erfasst. Die fehlerhaften Werte werden dann in die Messung und deren Ergebnisse miteinbezogen und bilden die F0 verzerrt ab.

Abbildung 13 Fehlerbehaftete F0-Extraktion: Typ 3

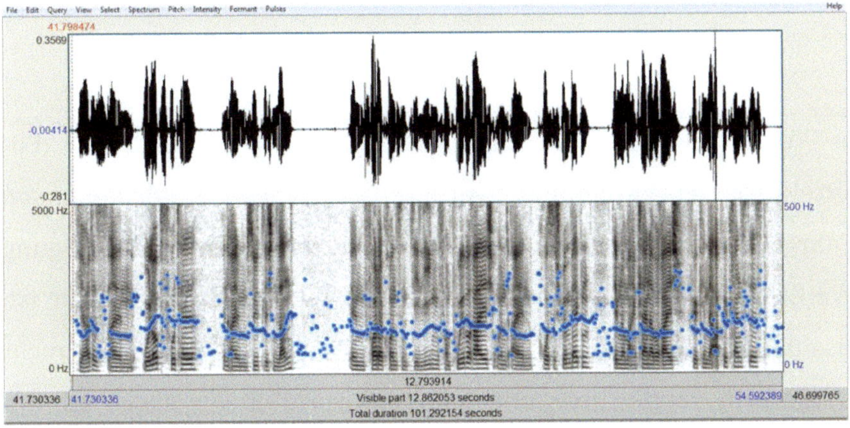

Quelle: Erstellung mit PRAAT.

Abbildung 13 zeigt einen dritten Fehlertyp, bei dem in stimmlosen Passagen, wie z.B. in Sprechpausen, eine F0-Kontur vorhanden ist. Aus der Einbeziehung dieser extrahierten F0-Werte ergibt sich wiederum eine fehlerhafte durchschnittliche Stimmlippengrundfrequenz.

Untersucht werden im Rahmen dieses Experiments jeweils Mittelwert und Standardabweichung (SA).

4   Analyse und Ergebnisse

Im Verlauf des Kapitels der Analyse und Ergebnisse der F0-Mittelwerte F0-Variabilität werden die *„real-world"-Bedingungen* „Fahrgeräusche" und „Stimmengewirr" getrennt von der Bedingung „Weißes Rauschen" betrachtet und bewertet. Der Grund hierfür ist, dass das Weiße Rauschen ein künstlicher Störschall und somit nicht sachgerecht vergleichbar mit den *„real-world"-Bedingungen* ist. Ein weiterer Grund ist, dass im Rahmen der Untersuchung zum Weißen Rauschen angestrebt wird, eine Statistik der mittleren F0 und der F0-Variabilität auf der Basis einer größeren Versuchs-personenpopulation vorzunehmen. Dies soll durch die Zusammenführung der im Rahmen dieser Arbeit erhobenen Daten mit denen aus Meinerz (2010), der ebenfalls F0-Parameter im Modal-und Lombardmodus untersucht hat, erreicht werden. Daraus folgt, dass in Bezug auf die *„real-world"-Bedingungen* Ergebnisse für 31 Vpn vorliegen, für die Bedingung „Weißes Rauschen" hingegen 63 Vpn. Sie ergeben sich aus den Sprechproben von 31 Vpn, die im Rahmen dieser Arbeit erhoben wurden und den Sprechproben von 32 Vpn aus der Arbeit von Meinerz (2010), siehe auch Kapitel 4.2.

4.1 Störschall Fahrgeräusche und Stimmengewirr

Im Rahmen von Kapitel 4.1. werden diejenigen Grundfrequenzmesswerte, die sich auf die *"real-world"*-Störschälle „Fahrgeräusche" und „Stimmengewirr" beziehen, dargestellt und analysiert.

4.1.1 Deskriptive Statistik – F0-Mittelwert und Standardabweichung in Hz

Im folgenden Teilkapitel sind die Ergebnisse der Grundfrequenzmessungen von 31 Versuchspersonen aufgeführt. Das Ausgabeprotokoll aus PRAAT zeigt bei einer F0-Extraktion die Werte für den F0-Mean (F0-Mittelwert), den F0-Median sowie die Standardabweichung (SA). Die vorliegende Arbeit verwendet die Maße F0-Mittelwert (Mean) und die dazugehörige Standardabweichung in Hz.

Der Mittelwert bildet das arithmetische Mittel aller Messwerte ab. Der Median hingegen wird grundsätzlich durch Ordnung der F0-Werte der Größe nach gebildet und entspricht demjenigen Messwert, welcher die 50 % höchsten Messwerte von den 50 % niedrigsten

Messwerten trennt[103]. Die Verwendung des F0-Mittelwertes anstelle des F0-Medians scheint für die weiteren Auswertungen vorteilhaft. Eine detaillierte Darstellung der Gründe für die Verwendung des F0-Mittelwerts findet sich in Kapitel 4.1.3.1. Für die Beschreibung des Datensatzes wäre es ebenfalls denkbar, den Modus, also den am häufigsten auftretenden Wert[104], anzugeben. Da in der zugrunde liegenden Auswertung jedoch pro Versuchsbedingung nur 31 mittlere F0-Werte vorkommen, scheint dieses Lagemaß wenig repräsentativ und findet daher in den weiteren Ausführungen keine Berücksichtigung.

Die Standardabweichung, als Maß für die Streuung der Werte um ihren Erwartungswert[105], bildet die Grundlage zur Quantifizierung der Melodik und ist somit für diese Untersuchung von grundlegender Bedeutung.

Die Standardabweichung, die im folgenden als Grundlage für verschiedene Möglichkeiten der Quantifizierung der Grundfrequenzvariabilität dient, wird in drei verschiedenen Größen angegeben: Zunächst in den Rohdaten als Standardabweichung in der akustisch-physikalischen Einheit Hz; dann zur Darstellung relativer Abweichungen vom F0-Mittelwert als Variabilitätskoeffizient in Form einer Dezimalzahl und schließlich zur

---

[103] Rasch et al., 2004.

[104] Rasch et al., 2004.

[105] Rasch et al., 2004.

Erfassung der auditiv-wahrnehmbaren Frequenzintervalle auf der psycho-akustisch maßgeblichen Halbtonskala, angegeben in Halbtönen (siehe dazu Kapitel 4.1.6).

Die Angaben zur Standardabweichung in Hz sind dabei stets als Abweichung oberhalb und unterhalb des Mittelwerts aufzufassen, z.b. bedeuten dann 15 Hz eine Abweichung von +/-15 Hz vom Mittelwert. Dies bedeutet, dass die F0 in einem Frequenzbereich im Mittel von 30 Hz streut.

Die Angaben zum Variationskoeffizienten basieren gemäß der geltenden Berechnungsformel auf der von PRAAT jeweils angegebenen SA, z.b. 15 Hz. Der Variationskoeffizient bildet den Quotienten aus der Standardabweichung und der mittleren F0.

Die Angaben zur Grundfrequenzvariabilität auf der Halbtonskala erfolgen auf der Basis des Streuungsbereichs der Grundfrequenz. Da es sich bei der Halbtonskala um eine logarithmische Skalierung handelt, entspricht der Betrag der Abweichung vom Mittelwert nach oben nicht zwingend dem Betrag der Abweichung vom Mittelwert nach unten. Bei einer F0 von 100 Hz ergibt eine Abweichung von 15 Hz nach oben beispielsweise 2,4 Halbtöne, während eine Abweichung von 15 Hz nach unten 2,8 Halbtönen entspricht. Die Angabe der Standardabweichung auf der Halbtonskala erfolgt daher durch Addition der positiven und negativen Abweichung in Halbtönen, im vorliegenden Beispiel 2,4 + 2,8 = 5,2 Halbtöne (HT).

4.1.2   Messwerte

Die nachfolgenden Tabellen listen die Einzelergebnisse der Grundfrequenzmessungen von 31 Vpn getrennt nach Aufnahmebedingung auf. Es wird unterschieden zwischen: „Modal", „Fahrgeräusche 70 dB", „Fahrgeräusche 80 dB", „Stimmengewirr 70 dB" sowie „Stimmengewirr 80 dB". Da für jede Versuchsperson für die jeweilige Bedingung eine Spontan- und eine Leseprobe (hier bezeichnet als: „Spontansprache" und „Lesetext" bzw. „Lesen") vorliegen, werden beide Varianten gemeinsam in einer Tabelle aufgeführt. Sämtliche Tabellen (Tabellen 24-28) für die Rohdaten befinden sich als Anhang in Kapitel 8 dieser Arbeit.

Tabelle 24 zeigt die Ergebnisse der Grundfrequenzmessungen der Modalproben für Spontansprache und Lesetext. Bei Betrachtung der Spontansprache wird ersichtlich, dass der Minimalwert des Mean hier bei 93 Hz liegt, der Maximalwert beträgt 149 Hz. Die dazugehörige Standardabweichung variiert zwischen 11 und 39 Hz. Die Kategorie „Lesetext" zeigt ein Minimum des Meanwertes von 90 Hz sowie ein Maximum von 159 Hz. Die Standardabweichung bewegt sich in einem Bereich zwischen 11 und 39 Hertz.

Tabelle 25 enthält die Ergebnisse der Messungen der durchschnittlichen F0-Werte für den Mittelwert und die Standardabweichung der Störgeräuschbedingung „Fahrgeräusche 70 dB". Der Mittelwert der Bedingung „Spontansprache" liegt zwischen

101 und 176 Hz, die Standardabweichung liegt zwischen 11 und 43 Hz. Die entsprechenden Werte für „Lesetext" sind ein Minimum von 104 Hz und ein Maximum von 170 Hz als Mittelwert und 12 und 43 Hz als Standardabweichung.

Tabelle 26 zeigt für die Bedingung „Fahrgeräusche 80 dB" folgende Minima und Maxima: „Spontansprache" Mittelwert 107 und 178 Hz und Standardabweichung 12 und 39 Hz. Zum „Lesetext" ergeben sich zum Mittelwert 111 und 183 Hz und 180 Hz und zur Standardabweichung 12 und 46 Hz.

Tabelle 27 zeigt für die Bedingung „Stimmengewirr 70 dB" folgende Minima und Maxima: „Spontansprache" Mittelwert 103 und 180 IIz, Standardabweichung 14 und 41 Hz. Zum „Lesetext" ergeben sich zum Mittelwert 102 und 182 Hz und zur Standardabweichung 12 und 44 Hz.

Tabelle 28 zeigt für die Bedingung ‚Stimmengewirr 80 dB' folgende Minima und Maxima: ‚Spontansprache' Mittelwert 112 und 189 Hz, Standardabweichung 11 und 48 Hz. Zum ‚Lesetext' ergeben sich zum Mittelwert 109 und 189 Hz und zur Standardabweichung 13 und 48 Hz.

4.1.2.1 Bedingungsspezifische Verteilung des F0-Mittelwerts

Nach tabellarischer Darstellung der Rohdaten zeigen Abbildungen1 und 15 die Boxplots der Mittelwerte in den einzelnen Versuchsbedingungen (Modal, Fahrgeräusche 70 dB = F70, Fahrgeräusche 80 dB = F80, Stimmengewirr 70 dB = S70, Stimmengewirr 80 dB = S80). Spontansprache und Lesetext werden jeweils getrennt voneinander abgebildet (Spontan = S, Lesetext = L).

Abbildung 14 Verteilung der mittleren F0-Werte bei Spontansprache

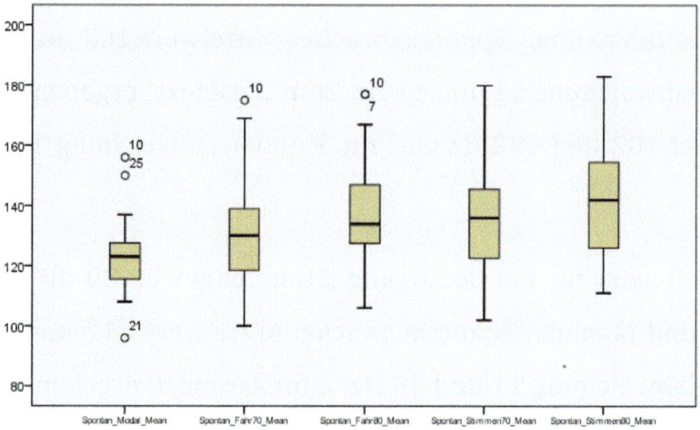

Quelle: Erstellung in SPSS.

Die Darstellung der einzelnen Boxplots in Abbildung 14 zeigt die Verteilung der mittleren F0-Werte für Spontansprache. Generell ist zu erkennen, dass die mittlere F0 unter Lombard-Einfluss steigt. Es wird deutlich, dass die Bedingung „Stimmen 80 dB" den größten

108

Einfluss zu haben scheint, erkennbar sowohl am Mittelwert als auch an der Lage des Interquartilsabstands („Fahren 80 dB" liegt tiefer bei gleichem Pegel, dies wird zu einem späteren Zeitpunkt ausführlich diskutiert). Desweiteren wird deutlich, dass die Streuung der mittleren Grundfrequenz in der Gruppe der Vpn unter Lombard-Einfluss offenbar zunimmt.

Abbildung 15 Verteilung der mittleren F0-Werte bei Lesen

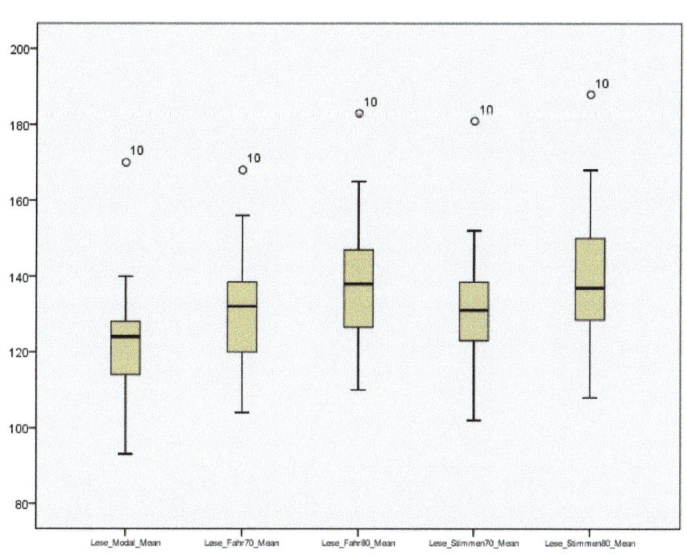

Quelle: Erstellung in SPSS.

Für den F0-Mittelwert bei Lesen ist eine ähnliche Tendenz zu erkennen, wie Abbildung 15 zeigt: Auch hier steigt die mittlere F0 unter Lombard-Einfluss. Hier allerdings bleibt die Streuung der

Mittelwerte scheinbar im Wesentlichen unverändert. Wie bei Spontansprache hat die Bedingung des Stimmengewirrs mit 80 dB gemäß der Lage der Boxplots den größten Einfluss auf die mittlere Stimmlippengrundfrequenz.

Insgesamt ist die Streuung für den F0-Mittelwert in der Modalbedingung geringer als bei den Lombardbedingungen.

4.1.2.2   Bedingungsspezifische Verteilung der Standardabweichung

Analog zum F0-Mittelwert der gemessenen Grundfrequenzen werden in Abbildung 16 und 17 die Standardabweichung in Hz bedingungsspezifisch in Form von Boxplots dargestellt, für Spontansprache sowie für Lesen.

Abbildung 16 Verteilung der Standardabweichungen bei Spontansprache

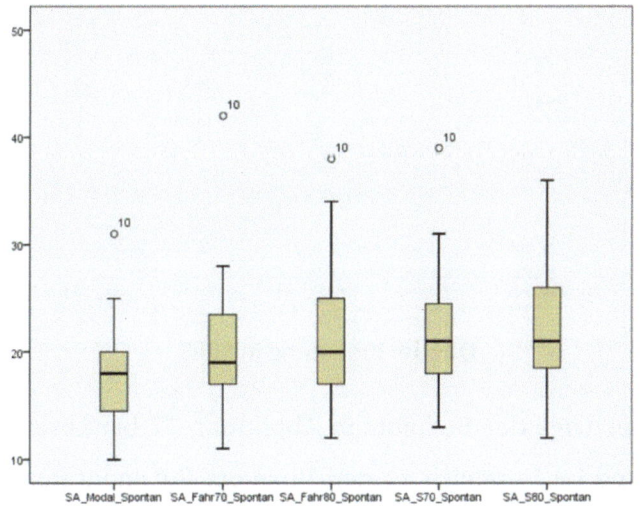

Quelle: Erstellung in SPSS.

Bei Betrachtung der Boxplots in Abbildung 16 für die einzelnen Bedingungen bei der Standardabweichung kann ein leichter Anstieg der SA unter Lombard-Einfluss beobachtet werden, was einem Trend zu einer erhöhten Melodik entspräche. Es fällt weiterhin auf, dass die Streuung der SA-Werte bei den beiden Störeinflüssen unter 80 dB,

111

sowohl bei einem Stimmengewirr als auch bei Fahrgeräuschen, größer ist als bei den übrigen Bedingungen.

Abbildung 17 Verteilung der Standardabweichungen bei Lesen

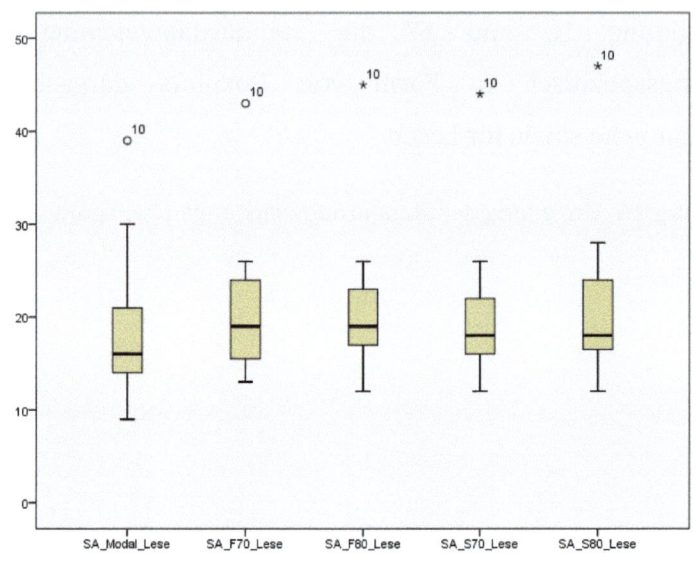

Quelle: Erstellung in SPSS.

Im Falle der Lage der Boxplots in Abbildung 17 bei Lesen liegt eine Veränderung im Vergleich zu den Boxplots für spontanes Sprechen vor: Hier ist die Streuung in der Modalbedingung am größten, in den übrigen Fällen ist sie offenbar übereinstimmend geringer. Allerdings steigt die Standardabweichung auch bei Lesen unter Lärmeinfluss an.

Abschließend kann festgehalten werden, dass die gemessenen F0-Mittelwerte sowie die Standardabweichung unter allen Lombardbedingungen gegenüber der Modalbedingung erhöht sind, wenngleich die Unterschiede bei der Standardabweichung scheinbar schwächer sind. Im Rahmen der explorativen Statistik werden die erhaltenen Daten und zunächst erkennbaren Tendenzen auf eine mögliche Signifikanz untersucht.

Zuvor sind zur Veranschaulichung der Veränderungen der Grundfrequenzvariabilität unter Lombard-Einfluss in den Abbildungen 18-21 die Stimmbeispiele mit den F0-Konturen zweier Sprecher abgebildet. Hierbei handelt es sich um die Beispiele zweier Versuchspersonen, bei denen sich der Lombard-Stress in einem Fall (Abbildung 18 und 19) besonders stark niederschlägt. Abbildung 18 zeigt die Grundfrequenzkontur für die Modalbedingung, Abbildung 19 die für die Lombard-Bedingung „Stimmengewirr 80 dB". In Abbildung 20 und 21 ist die F0-Kontur in der Modal- und Lombard-Bedingung mit „Stimmengewirr 80 dB" eines Sprechers dargestellt, bei dem sich der Lombard-Effekt nur schwach auswirkt. Der Vergleich der Konturen beider Sprecher lässt erkennen, dass bei VP 18 die Grundfrequenzvariabilität deutlich größer ist als bei VP 2.

Abbildung 18 Beispiel einer F0-Kontur für VP 18 – Modalbedingung

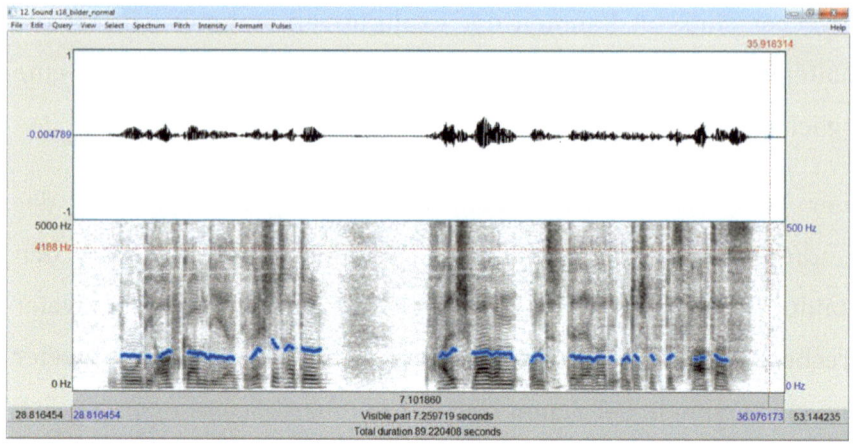

Quelle: Erstellung mit PRAAT.

Abbildung 19 Beispiel einer F0-Kontur für VP 18 – starker Lombard-Effekt
(Stimmengewirr 80 dB)

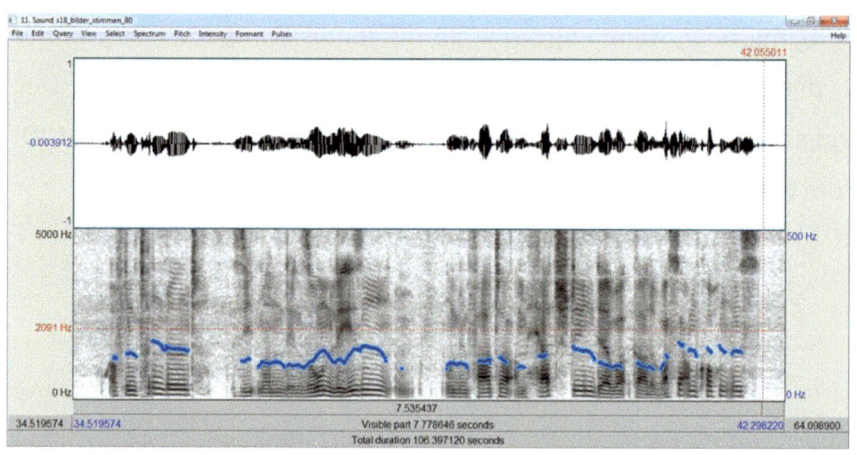

Quelle: Erstellung mit PRAAT.

Abbildung 20 Beispiel einer F0-Kontur für VP 2 - Modalbedingung

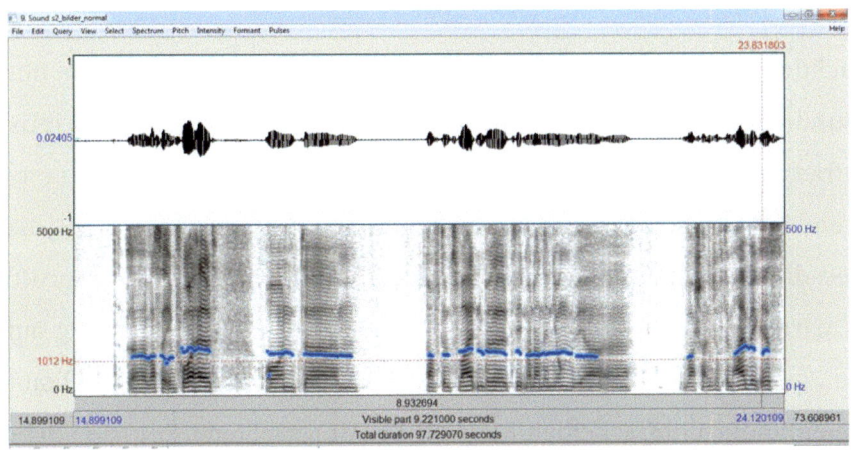

Quelle: Erstellung mit PRAAT.

Abbildung 21 Beispiel F0-Kontur für VP 2 – schwacher Lombard-Effekt
(Stimmengewirr 80 dB)

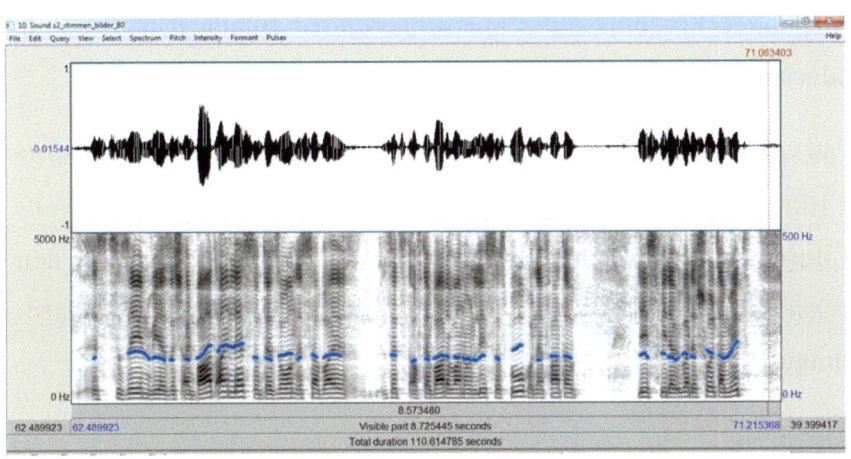

Quelle: Erstellung mit PRAAT.

4.1.3 Explorative Statistik – F0-Mittelwert

Nachdem im vorigen Kapitel die Ergebnisse der Messungen der Grundfrequenz und Standardabweichung statistisch deskriptiv aufbereitet wurden und im Hinblick auf die Arbeitshypothesen erste Trends formuliert wurden, werden in diesem Abschnitt die Messdaten hinsichtlich ihrer Signifikanz und Feinstruktur überprüft. Es wird getestet, ob sich Modal- und Lombard-Proben in Bezug auf die gemessenen mittleren Grundfrequenzparameter signifikant voneinander unterscheiden oder ob die Unterschiede rein zufälliger Natur sind. Im Einzelnen werden die Modalprobe als Kontroll- und die Lombard-Proben in den unterschiedlichen Aufnahmebedingungen als Testobjekte gegenüber gestellt, wobei weiter zwischen Spontansprache und Lesetext unterschieden wird. Die übergeordnete Arbeitshypothese dieser Arbeit lautet, dass die vorliegenden Ergebnisse der Messungen nicht zufälliger Natur sind, sondern es wird ein systematischer Zusammenhang vermutet.

Zu diesem Zweck wird zunächst ein statistischer Vorzeichentest[106] mit Hilfe von SPSS durchgeführt. Verglichen werden immer jeweils die durchschnittlichen F0-Messwerte der Modalbedingung mit den durchschnittlichen Werten der verschiedenen Lombard-Bedingungen.

---

[106] Baltes-Götz, 2013.

Nachfolgend werden die Ergebnisse der einzelnen Signifikanztests vereinfacht dargestellt. In die statistische Analyse werden der F0-Mean und die Standard-abweichung einbezogen.

4.1.3.1   F0-Mittelwerte: Mean und Median

Zur Grundfrequenzextraktion bietet PRAAT die Optionen der Berechnung des Mittelwerts nach dem Mean- oder dem Medianverfahren. Der Median bietet prinzipiell den Vorteil, dass Ausreißer unter den Messwerten die Lage einer Verteilung weniger stark beeinflussen als der Mean- bzw Mittelwert. Bezogen auf die Messung der Grundfrequenz entstehen Ausreißer bzw. extreme Fehlerwerte sowohl durch die grundsätzlichen Limitierungen der automatischen F0-Extraktion (siehe Kapitel 2.3.5) als auch z.B. in Folge emotionaler Sprechweise[107]. Lindh (2006) empfiehlt daher die Verwendung des Median bei forensischem Fallmaterial, weil außer der emotionalen Sprechweise auch unterschiedliche Audioqualitäten von Sprachaufzeichnungen Fehlerwerte hervorrufen können[108]. Im vorliegenden Fall wurde die Grundfrequenzkontur wie oben ausführlich erläutert, interaktiv im Hinblick auf die Vermeidung von

---

[107] *"[...] the F0 mean is heavily influenced by paralinguistic variation such as emotions etc. [...]"* (Quelle: Lindh, 2006)

[108] Das gilt insbesondere bei Unterlassen einer manuellen Korrektur der F0-Kontur (siehe Kapitel 2.3.5)

Fehlerwerten jedoch optimiert. Zusätzlich sind die Sprechproben frei von Hintergrundgeräuschen, die Fehlerwerte hätten hervorrufen können. Daher fehlen im vorliegenden Fall die sachlichen Gründe für die Verwendung des Medians. Somit wird der Mean als repräsentativeres Lagemaß zur Beschreibung der Grundfrequenzverteilung betrachtet. Sämtliche Grundfrequenzmittelwerte sind daher auf der Grundlage des Meanverfahrens berechnet.

4.1.3.2 Tests des F0-Mittelwerts

Tabelle 5 zeigt die Ergebnisse der durchgeführten Vorzeichentests[109] für die Messwerte der mittleren F0. Verglichen werden jeweils die Messwerte der Modalbedingung mit den Messwerten der verschiedenen Lombard-Bedingungen.

Sämtliche in der nachfolgenden Tabelle enthaltenen Angaben zeigen, dass eine Signifikanz bezüglich der Veränderung der Werte von Modal- zu Lombard-Bedingung vorliegt und sich Modal- und Lombard-Werte der mittleren F0 somit systematisch voneinander unterscheiden.

---

[109] Hier auf Basis eines nicht-parametrischen Vorzeichentests mit einem 5%-Signifikanzniveaus sowie eines Konfidenzintervalls von 95% (Quelle: Baltes-Götz, 2013)

Tabelle 5 Ergebnisse Vorzeichentest: Modal zu Lombard - mittlere F0

Modal zu	Signifikanz spontan	Signifikanz lesen
Fahren 70 dB	ja	ja
Fahren 80 dB	ja	ja
Stimmen 70 dB	ja	ja
Stimmen 80 dB	ja	ja

Quelle: Eigene Erstellung.

Gemäß des vorab festgelegten Signifikanzniveaus von 5% liegt in allen Fällen eine Signifikanz höchsten Grades vor.

4.1.3.3   Ranking des Störschalls – F0-Mittelwert

Aus den Signifikanztests lässt sich nunmehr eine Rangliste der einzelnen Störschälle hinsichtlich ihrer Auswirkungen auf den Mittelwert der Grundfrequenz erstellen. Tabelle 6 und 7 enthalten die Platzierung der jeweiligen Störschälle, welche sich aus der Gegenüberstellung von Stimmengewirr mit 80 dB gegenüber Fahrgeräusch mit 80 dB respektive von Stimmengewirr mit 70 dB und Fahrgeräusch mit 70 dB ergibt.

Tabelle 6 Ranking F0-Mittelwert: Spontansprache

Mean spontan	Störschall
Platz 1	Stimmen 80dB
Platz 2	Stimmen 70dB
Platz 3	Fahren 80dB
Platz 4	Fahren 70dB

Quelle: Eigene Erstellung.

Der Tabelle 6 ist zu entnehmen, dass bei Spontansprache ein Stimmengewirr mit 80 dB die stärkste Veränderung der mittleren Grundfrequenz bewirkt. Offenbar hat das Stimmengewirr grundsätzlich einen stärkeren Einfluss auf die mittlere Grundfrequenz als das Fahrgeräusch, da das Stimmengewirr sogar unabhängig vom Störschallpegel in der Rangfolge vor dem Fahrgeräusch liegt (Stimmen 70 dB vor Fahren 80 dB).

Tabelle 7 Ranking F0-Mittelwert: Lesetext

Mean lese	Störschall
Platz 1	Stimmen 80dB
Platz 2	Stimmen 70dB
Platz 3	Fahren 80dB
Platz 4	Fahren 70dB

Quelle: Eigene Erstellung.

Für die Bedingung „Lesetext" zeigen sich in Tabelle 7 die gleichen Zusammenhänge, auch hier hat das Stimmengewirr mit 80 dB den stärksten Einfluss, das Fahrgeräusch mit 70 dB hingegen den schwächsten Effekt.

Es zeigt sich insgesamt, dass für den F0-Mittelwert das Ranking identisch ist in Bezug auf den stärksten bzw. schwächsten Effekt auf die mittlere F0.

4.1.3.4 Spontansprache vs. Lesetext - F0-Mittelwert

Es wurden ebenfalls Untersuchungen durchgeführt, im Rahmen derer die Unterschiede zwischen Spontansprache und Lesetext überprüft wurden. In erster Näherung konnte festgestellt werden, dass die mittleren F0-Werte der Bedingung „Lesetext" tiefer lagen als die der „Spontansprache". Dieses Phänomen wurde ebenfalls von Jessen et al. (2005) sowie Hudson und Holbrook (1982) beobachtet, die im Rahmen ihrer Studie nachwiesen, dass die mittlere F0 bei Lesen im Durchschnitt tiefer lag als bei spontanem Sprechen. Diese Beobachtung wurde auf Systematik bzw. auf Signifikanz getestet.

Tabelle 8 Ergebnisse Vorzeichentests: Lesen vs. Spontansprache - mittlere
F0

Lesen zu Spontan	Signifikanz
Modal	nein
Fahren 70 dB	nein
Fahren 80 dB	nein
Stimmen 70 dB	ja
Stimmen 80 dB	ja

Quelle: Eigene Erstellung.

Gemäß der oben angegebenen Voraussetzungen der Signifikanzprüfung wird aus Tabelle 8 ersichtlich, dass sich nur bei den beiden Bedingungen des Stimmengewirrs (70 dB und 80 dB) die Grundfrequenz zwischen Lesen und Spontansprache signifikant voneinander unterscheidet[110]. Wenngleich also alle gemessenen mittleren F0-Werte für das spontane Sprechen höher lagen als für Lesen, so kann dies nicht für alle Bedingungen statistisch belegt werden.

---

[110] Auch hier gelten die Bedingungen eines Signifikanzniveaus von 5%

4.1.4   Explorative Statistik – Standardabweichung

Analog zu den oben durchgeführten Untersuchungen zur mittleren F0 wird im Rahmen dieses Teilkapitels die Standardabweichung untersucht. Zunächst werden die Messunterschiede der SA auf Signifikanz hin geprüft. Im Anschluss daran wird ein Ranking erstellt und abschließend werden die Werte der Standardabweichung für Spontansprache und Lesetext einander gegenüber gestellt und auf Signifikanz hin geprüft.

4.1.4.1   Tests der Standardabweichung

Tabelle 9 zeigt, dass sich die Tendenzen betreffend die Standardabweichung von denen der mittleren F0 in nur einem Fall unterscheiden: Für spontanes Sprechen unterscheiden sich sämtliche Werte der SA für die Modalbedingung signifikant (auf höchstem Niveau) von denen der Lombard-Bedingungen.

Tabelle 9 Ergebnisse Vorzeichentests: Modal zu Lombard -
Standardabweichung

Modal zu	Signifikanz spontan	Signifikanz lesen
Fahren 70 dB	ja	ja
Fahren 80 dB	ja	ja
Stimmen 70 dB	ja	nein
Stimmen 80 dB	ja	ja

Quelle: Eigene Erstellung.

Insgesamt zeigt sich auch für Lesen dieses Bild. Einzige Ausnahme
bildet hier das Stimmengewirr mit 70 dB. In diesem Fall kann
zwischen Modal und Stimmen 70 dB kein statistischer
Zusammenhang hergestellt werden.

4.1.4.2 Ranking Störschall – Standardabweichung

Nachfolgend wird analog zum F0-Mittelwert auch ein Ranking in
Bezug auf die Standardabweichung erstellt. Hier ist allerdings
anzumerken, dass das Ranking, anders als beim F0-Mittelwert, nicht
auf Signifikanzverhältnissen basiert, sondern ausschließlich auf den
vorliegenden absoluten Werten. Der Grund ist darin zu sehen, dass
hier keine allgemeingültige Signifikanz nachgewiesen werden
konnte. Dies gilt sowohl für spontanes Sprechen als auch für Lesen.

Tabelle 10 Ranking SA - Spontansprache

SA spontan	Störschall
Platz 1	Stimmen 80dB
Platz 1	Stimmen 70dB
Platz 2	Fahren 80dB
Platz 3	Fahren 70dB

Quelle: Eigene Erstellung.

Die Standardabweichung ist unter Störschalleinfluss signifikant erhöht im Vergleich zur Modalbedingung, ausgenommen der Bedingung „Stimmengewirr 70 dB" bei Lesen. Ein Ranking ist jedoch problematisch für Spontansprache, da die Unterschiede betreffend Pegel und Art des Störschalls zu gering sind. Daher basiert das Ranking, wie eingangs beschrieben, rein auf den absoluten Messwerten.

Tabelle 11 Ranking SA - Lesetext

SA lese	Störschall
Platz 1	Stimmen 80dB
Platz 1	Stimmen 70dB
Platz 1	Fahren 80dB
Platz 2	Fahren 70dB

Quelle: Eigene Erstellung.

Beim Lesetext ist die Standardabweichung unter Störschalleinfluss ebenfalls signifikant erhöht, ausgenommen der Lombard-Bedingung

„Stimmengewirr 70 dB", wie oben erläutert. Ein Ranking ist auch hier problematisch, da die Unterschiede betreffend Art und Pegel zu gering sind. Auch hier wird das Ranking basierend auf den von PRAAT ausgegebenen SA-Werten erstellt. Tabelle 11 zeigt das entsprechende Ranking.

4.1.4.3   Spontansprache vs. Lesetext - Standardabweichung

Auch für die Standardabweichung wurden die Werte der Spontansprache mit denen der Lesetext-Werte verglichen und hinsichtlich einer systematischen Unterscheidung überprüft.

Tabelle 12 Ergebnisse Vorzeichentests: Lesen vs. Spontansprache - Standardabweichung

Lesen zu Spontan	Signifikanz
Modal	nein
Fahren 70 dB	nein
Fahren 80 dB	nein
Stimmen 70 dB	ja
Stimmen 80 dB	ja

Quelle: Eigene Erstellung.

Für den Vergleich von Lesen und spontanem Sprechen zeigt sich für die Standardabweichung, dass eine systematische Unterscheidung, analog zu den Beobachtungen bei der mittleren F0, lediglich für die

126

beiden Bedingungen des Stimmengewirrs mit 70 dB und 80 dB vorliegt, dabei auch hier auf höchstem Signifikanzniveau. In den übrigen Fällen ist das Phänomen, dass die SA für Lesen tiefer liegt als die SA bei spontanem Sprechen, offenbar rein zufälliger Natur.

Die Untersuchung der Standardabweichung für die Bedingung ‚Weißes Rauschen' erfolgt ebenfalls in Kapitel 4.2.1.

4.1.5 Zusammenfassung der Ergebnisse Arbeitshypothesen

In der Zusammenfassung des referierenden Teils der Arbeit[111] wurden zwei allgemeine und dazu jeweils drei spezielle Arbeitshypothesen nach Auswertung der einschlägigen Literatur formuliert, und zwar differenziert nach Lesen und Spontansprache. Die Prüfung dieser Hypothesen im Rahmen der explorativen Statistik der Messdaten aus der Versuchsanordnung erbringt dazu folgende Ergebnisse für den F0-Mittelwert und die Standardabweichung:

---

[111] Siehe Kapitel 2.4

1. Die mittlere Grundfrequenz steigt bei Sprechen unter Störschallbelastung (Lombard-Bedingung) im Vergleich zu Sprechen im Ruhezustand (Modal-Bedingung).

→ Unter allen Bedingungen steigt die mittlere Grundfrequenz bei Sprechen unter Störschallbelastung signifikant an, sowohl bei Spontansprache als auch bei Lesen.

a. Es besteht ein positiver Zusammenhang zwischen dem Ausmaß des Anstiegs der mittleren Grundfrequenz und dem Intensitätspegel der Störschallbelastung.

→ In allen Fällen für den F0-Mittelwert gilt sowohl für die Bedingung Spontansprache als auch für Lesetext, dass die F0-Werte bei Störschall mit einem Pegel von 80 dB signifikant höher sind als bei 70 dB.

b. Das Ausmaß des Anstiegs der Grundfrequenz unter Störschallbelastung ist abhängig von der Art der Störschallbelastung.

→ Für Spontansprache ergibt sich, dass sowohl bei einem Pegel von 70 dB als auch 80 dB der Grundfrequenzmittelwert bei Stimmengewirr signifikant größer ist als bei Fahrgeräusch.

→ Für Lesen ergibt sich diesbezüglich ein identisches Bild.

c. Die mittlere Grundfrequenz ist bei Spontansprache und Lesen unter-

schiedlich, sowohl bei der Modal- als auch unter der Lombardbedingung.

→ Modalbedingung: In der Modalbedingung besteht kein signifikanter Unterschied zwischen Spontansprache und Lesen.

→ Fahr70 dB: In der Bedingung „Fahr70 dB" kann auch hier keinerlei signifikanter Unterschied nachgewiesen werden.

→ Fahr80 dB: In der Bedingung" Fahr80 dB" konnte zwischen spontanem Sprechen und Lesen kein signifikanter Unterschied nachgewiesen werden.

→ Stimmen70 dB: In der Bedingung „Stimmen70 dB" besteht ein signifikanter Unterschied der mittleren Grundfrequenz zwischen Spontansprache und Lesen, die mittlere F0 ist bei Spontansprache signifikant erhöht.

→ Stimmen80 dB: In der Bedingung „Stimmen80 dB" besteht auch hier ein signifikanter Unterschied zwischen Spontansprache und Lesen, die mittlere F0 ist bei Spontansprache signifikant erhöht.

2. Die Standardabweichung steigt bei Sprechen unter Störschallbelastung (Lombard-Bedingung) im Vergleich zu Sprechen im Ruhezustand (Modal- Bedingung).

→ Die Standardabweichung ist bei allen Lombard-Bedingungen im Vergleich zu SA in der Modalbedingung signifikant, mit Ausnahme der Bedingung „Stimmengewirr 70 dB" bei Lesen[112] erhöht.

a. Es besteht ein positiver Zusammenhang zwischen dem Ausmaß des Anstiegs der Standardabweichung und dem Intensitätspegel der Störschallbelastung.

→ SA Spontansprache: Bei Spontansprache kann keinerlei Signifikanz zwischen dem Anstieg der SA und dem Intensitätspegel nachgewiesen werden.

→ SA Lesetext: Auch hier kann keine Systematik bzgl. Anstieg der SA und Intensität nachgewiesen werden.

b. Die Ausprägung der Standardabweichung ist abhängig von der Art der Störschallbelastung.

→ SA Spontansprache: Es besteht ein positiver Zusammenhang zwischen dem Anstieg der SA und der Art des Störschalls: Stimmen70 dB und

---

[112] Anmerkung: Da bei Lesen keine Signifikanz bezüglich der Zunahme der Standardabweichung unter Einfluss eines Stimmengewirrs mit 70 dB festgestellt werden konnte, ist dies an entsprechender Stelle der Ergebnispräsentation zu berücksichtigen. Denn trotz des fehlenden Nachweises der systematischen Unterscheidung der Wertgruppen, wurde das Stimmengewirr 70 dB weiter in die Analysen einbezogen (Unterschied zwischen Modal und S70 bei Lesen war messbar: SA bei S70 messbar größer)

Stimmen80 dB sind signifikant höher als Fahren70 dB und Fahren80 dB.

→ SA Lesetext: Bei der Bedingung ‚Lesen' kann keine verlässliche Aussage hinsichtlich eines Zusammenhangs zwischen Anstieg der SA und der Art des Störschalls getroffen werden.

c. Die Standardabweichung ist bei Spontansprache und Lesen unterschiedlich, sowohl bei der Modalbedingung als auch unter der Lombardbedingung.

→ In der Modalbedingung besteht kein signifikanter Unterschied zwischen Spontansprache und Lesen.

→ Fahr70 dB: In der Bedingung „Fahr70 dB" kann ebenfalls keinerlei signifikanter Unterschied zwischen Lesen und Spontansprache nachgewiesen werden.

→ Fahr80 dB: In der Bedingung „Fahr80 dB" konnte zwischen spontanem Sprechen und Lesen kein signifikanter Unterschied nachgewiesen werden.

→ Stimmen70 dB: In der Bedingung „Stimmen70 dB" besteht ein signifikanter Unterschied der mittleren Grundfrequenz zwischen Spontansprache und Lesen, die Standardabweichung ist bei Spontansprache signifikant erhöht.

→ Stimmen80 dB: In der Bedingung „Stimmen80 dB" besteht ebenfalls ein signifikanter Unterschied zwischen Spontansprache und Lesen, die Standardabweichung ist bei Spontansprache signifikant erhöht.

4.1.6   Relativität

In den Kapiteln 4.1.1. - 4.1.4 wurden die Ergebnisse auf der Basis der Einheit Hz dargestellt und damit ausschließlich in der physikalisch-akustischen Dimension betrachtet. Ausgehend von der Überlegung, dass die Standardabweichung in Hz lediglich die Grundlage zur Quantifizierung der Melodik und damit nicht der auditiven bzw. wahrnehmungsbezogenen Dimension entspricht, werden in diesem Kapitel die Ausgangsmesswerte verhältnismäßig und unter Berücksichtigung der Halbtonskala und auch des Variationskoeffizienten, insbesondere mit Blick auf die Melodik, aufbereitet. Nach Nolan (2003) bietet die sogenannte psycho-akustische Halbtonskala die beste Möglichkeit, mittlere F0 und Standardabweichung auf einer wahrnehmungsbezogenen Skala zu bewerten: "*The purpose of a psycho-acoustic scale is to provide steps which correspond to equal perceptual intervals. In the case of pitch perception, the best known such scale is the musical semitone scale.*". Auch Braun und Heilmann (2012) verweisen auf die Sinnhaftigkeit der Beobachtung von relativen Veränderungen der Grundfrequenz mit Hilfe der Halbtonskala im Vergleich zur Darstellung der absoluten Unterschiede dargestellt in Hz. Im Prinzip können die in Hz erhaltenen Messdaten als rein numerische Grundlage aufgefasst werden, die nicht dazu geeignet sind, die wahnehmungsbezogenen Auswirkungen der unter Lombard-Einfluss gegenüber der

Modalbedingung veränderten Grundfrequenzparameter wider zu spiegeln.

Die Ausgangsdaten sind hier die Mittelwerte der Rohdaten (mittlere F0 und SA in Hz für die 31 Versuchspersonen in den verschiedenen Versuchsbedingungen). Diese Mittelwerte repräsentieren das Verhalten der Gesamtpopulation für jede Versuchsbedingung. Im weiteren Verlauf liegen somit für die mittlere F0 insgesamt zehn Mittelwerte vor[113], die sich aus den fünf verschiedenen Versuchsbedingungen und den beiden Sprechmodi Spontansprache und Lesen ergeben. Desgleichen sind insgesamt zehn Werte bezüglich der Standardabweichung vorhanden. Auf der Basis dieser Ausgangsdaten werden die Verhältnismäßigkeiten unter Verwendung der Einheit Hz, der Halbtonskala und des Variationskoeffizienten vergleichend berechnet und dargestellt. Aufgrund der bereits mehrfach beschriebenen Sonderstellung der Bedingung „Weißes Rauschen", wird diese hierbei nicht berücksichtigt. Zunächst werden die Mittelwerte bezüglich der mittleren F0, und danach die der Grundfrequenzvariabilität in ihren verschiedenen Formen, getrennt nach Spontansprache und Lesen, präsentiert.

---

[113] Modalbedingung, *„real-world"-Bedingungen*: ‚Fahren 70 dB/80 dB', ‚Stimmen 70 dB/80dB'

4.1.6.1 Relativität - F0-Mittelwert

Tabelle 13 Vergleich– F0-Mittelwerte in Hz und Halbtönen bei Spontansprache

	Hz	%	Halbtöne	%
F0-Mittel Modal	122	= 100	83,2	= 100
F0 Mittel Fahr 70	131	+7,4	84,4	+1,3
F0 Mittel Fahr 80	137	+12,3	85,2	+2,3
F0 Mittel Stimmen 70	136	+11,5	85	+2,2
F0 Mittel Stimmen 80	142	+16,4	85,8	+2,6

Quelle: Eigene Erstellung.

Tabelle 14 Vergleich– F0-Mittelwerte in Hz und Halbtönen bei Lesen

	Hz	%	Halbtöne	%
F0-Mittel Modal	122	= 100	83,3	= 100
F0 Mittel Fahr 70	131	+7,4	84,1	<+1
F0 Mittel Fahr 80	137	+12,3	85,0	+2
F0 Mittel Stimmen 70	131	+7,4	84,5	+1,4
F0 Mittel Stimmen 80	138	+13,1	85,3	+2,5

Quelle: Eigene Erstellung.

Tabelle 13 und 14 zeigen die errechneten Mittelwerte in Hz, in Halbtönen und die zugehörigen Differenzen, jeweils in Relation zum Referenzwert in der Modalbedingung und getrennt nach Lesen und Spontansprache. Zunächst wird aus den Tabellen noch einmal ersichtlich, dass sämtliche F0-Mittelwerte unter Einfluss von Störschall im Vergleich zu den F0-Werten in der Modalbedingung

135

erhöht sind. Die Signifikanz der Erhöhung wurde in Kapitel 4.1.3.2 nachgewiesen.

In Bezug auf Spontansprache entspricht das Ranking naturgemäß dem aus Kapitel 4.1.3.3, in dem z.B. das Stimmengewirr mit 80 dB die größte Abweichung der mittleren F0, mit einem relativen Unterschied von +16,4% bezogen auf die Hz-Skala, zum Modal- bzw. Referenzwert hat. Bei Übertragung der Frequenzen auf die Halbtonskala ergibt sich in Bezug auf das Ranking das gleiche Bild. Allerdings zeigt sich, dass die Abweichungen der F0-Mittelwerte zwischen der Modalbedingung und der einzelnen Lombard-Bedingungen nach Übertragung auf die Halbtonskala, die psycho-akustisch orientiert ist, prozentual deutlich geringer sind.

Für den Lesemodus liegen die Verhältnisse ähnlich. Auch hier sind die Abweichungen der mittleren F0 zwischen Modal- und den verschiedenen Lombard-Bedingungen unter Berücksichtigung der Halbtonskala deutlich geringer als in der physikalisch-akustischen Dimension Hz.

4.1.6.2   Relativität - Grundfrequenzvariabilität

Analog zur mittleren F0 wurde für die Standardabweichung verfahren. Dabei ist allerdings anzumerken, dass die Größe des ‚Variationskoeffizienten' (VK), welcher ein relatives Streuungsmaß

136

ist und im vorliegenden Fall den direkten Vergleich der Streuung der Grundfrequenz unabhängig von ihrer mittleren Lage in Hertz ermöglicht, einbezogen werden konnte. Der VK hat damit eine der Halbtonskala, die zur Quantifizierung der melodischen Wahrnehmung geeignet ist, vergleichbare Funktion, indem er, wie die Halbtonskala, die Hertz-Skalierung relativiert. Ziel ist es, die Standardabweichung möglichst umfassend zu bewerten, zum einen aus akustischer Perspektive und zum anderen aus einer auditiv relevanten Perspektive.

Tabelle 5 Vergleich Grundfrequenzvariabilität – in Hz, Halbtönen und Variationskoeffizient bei Spontansprache

	Hz	%	Halbtöne	%	VK	%
SA Modal	18	= 100	4,8	= 100	0,15	= 100
SA Fahr 70	20	+11,1	5,0	+4,2	0,15	<+1
SA Fahr 80	21	+16,6	5,0	+4,2	0,15	<+1
SA Stimmen 70	22	+22,2	5,2	+8,3	0,16	+7
SA Stimmen 80	22	+22,2	5,0	+4,2	0,15	<+1

Quelle: Eigene Erstellung.

Tabelle 16 Vergleich Grundfrequenzvariabilität – in Hz, Halbtönen und Variationskoeffizient bei Lesen

Hz	Hz	%	Halbtöne	%	VK	%
SA Modal	18	= 100	4,8	= 100	0,15	100
SA Fahr 70	20	+11,1	5,0	+4,2	0,15	<+1
SA Fahr 80	20	+11,1	4,8	<+1	0,14	-7
SA Stimmen 70	19	+5,0	4,6	-4,2	0,14	-7
SA Stimmen 80	20	+11,1	4,6	-4,2	0,15	<+1

Quelle: Eigene Erstellung.

Bei Betrachtung von Tabelle 15 und 16 ist nochmals zu erkennen (zur Signifikanz: siehe Kapitel 4.1.4.1), dass die Grundfrequenzvariabilität unter Lombard-Einfluss sowohl bei Spontansprache als auch bei Lesen gegenüber der Modalbedingung erhöht ist. In Bezug auf Hz bewegt sich die Veränderung bei Spontansprache im Bereich zwischen 11,1 - 22,2%, bei Lesen zwischen 5 - 11,1%. Nach Übertragung der Variabilität in Hz auf die Halbtonskala bewegt sich die Veränderung im Bereich zwischen 4,2 - 8,3% bei spontanem Sprechen, bei Lesen zwischen -4,2 - +4,2%. Hinsichtlich des Variations-koeffizienten ergeben sich bei Spontansprache zwischen <1 - 7% und bei Lesen -7% und <1%.

Wie schon beim F0-Mittelwert, kann auch für die Grundfrequenzvariabilität konstatiert werden, dass die größten verhältnismäßigen Unterschiede zwischen Modal- und Lombard-Modus sich in der physikalisch-akustischen Dimension, die geringsten hingegen in der psycho-akustischen Dimension ergeben. Eine Zwischenstellung nimmt hier die Größe des Variationskoeffizienten ein.

4.2   Störschall Weißes Rauschen in Hz

Wie in Kapitel 4 dargelegt, wird im Rahmen dieses Kapitels der Störschall Weißes Rauschen mit 60dB gesondert betrachtet. Ein Grund hierfür ist, dass die Kombination der Versuchspersonenkorpora aus Meinerz (2010) mit 32 männlichen Sprechern und die im Rahmen dieser Arbeit gewonnenen 31 Sprechproben mit WR zwecks Erstellung einer Grundfrequenzstatistik zur mittleren Sprechstimmlange und F0-Variabilität mit größerer Stichprobenanzahl, sowohl für das Sprechen unter der Modalbedingung als auch der Lombard-Bedingung[114], angestrebt wird (insgesamt n=63). Daher wurde bei der Datenerhebung in der vorliegenden Arbeit ebenfalls eine Störschallbedingung mit Weißem Rauschen und einem Pegel von 60 dB geschaffen. Dieses Vorgehen schafft die Möglichkeit des Vergleichs mit Grundfrequenzstatistiken aus anderen Untersuchungen mit verhältnismäßig großer Stichprobenanzahl.

---

[114] hier ausschließlich Weißes Rauschen

Insbesondere in Bezug auf den modalen Sprechmodus sollen die Ergebnisse dazu geeignet sein, mittlere F0 und Standardabweichung vergleichbar zu machen mit bisherigen Untersuchungen, in denen eine größere Zahl von Vpn (> 50) untersucht wurden. Der Sinn einer derartigen statistischen Erhebung ergibt sich aus dem Umstand, dass nach wie vor die mittlere Grundfrequenz in der forensisch-phonetischen Forschung Beachtung findet und sie, wie in Kapitel 2.3.4 dargestellt wurde, bei forensischen Stimmenvergleichen als sprecherspezifisches Merkmal betrachtet wird[115]. Ein weiterer Grund für die gesonderte Betrachtung des Weißen Rauschens ist, dass es sich dabei im Gegensatz zu *Real-World*-Fahrgeräusch und -Stimmengewirr um einen künstlichen Störschall handelt und in dieser Arbeit der Primäranspruch in der Untersuchung der Auswirkungen von *Real-World*-Störschall in Gestalt von Fahrgeräuschen und Stimmengewirr besteht.

Im Folgenden werden nun zunächst die statistischen Tests zur Überprüfung der Signifikanz hinsichtlich der Unterscheidung der Sprechproben von Modal- und Lombard-Bedingung (n=31) dieser Arbeit gesondert durchgeführt, bevor die beiden Versuchspopulationen zusammen geführt werden. Grund hierfür ist, dass Meinerz (2010) eine signifikante Unterscheidung der F0-Mittelwerte für die Modal- und die Lombard-Bedingung (Weißes Rauschen mit 60dB) nachweisen konnte und durch den statistischen

---

[115] Gold & French, 2011.

Vergleich der Sprechproben aus dieser Arbeit eine einheitliche Ausgangsbedingung bezüglich der Signifikanz geschaffen werden soll.

Die Ausgangsbedingungen der angewendeten Vorzeichentests sind identisch mit denen für die übrigen Signifikanztests in Kapitel 4.1.3 ff.. Die nachfolgenden Tests beziehen sich also zunächst auf 31 Sprechproben unter Einfluss eines Weißen Rauschens mit 60 dB, welche im Rahmen dieser Arbeit erhoben wurden (Aufnahmebedingungen und Versuchsablauf analog zu den *„real-world"-Bedingungen*).

Tabelle 6 Vorzeichentest: F0-Mittelwert und SA - ,Weißes Rauschen' bei Spontansprache (31 Vpn)

Modal zu	Signifikanz spontan (WR)
Mittelwert	ja
SA	ja

Quelle: Eigene Erstellung.

Tabelle 17 vergleicht die mittleren Grundfrequenzwerte bzw. die Werte der SA der Modalbedingung mit denen aus der Bedingung des Weißen Rauschens und prüft die gemessenen Unterschiede auf Signifikanz. Nach Auswertung hat sich gezeigt, dass sowohl die mittlere F0 als auch die Standardabweichung unter dem Einfluss eines Weißen Rauschens mit 60 dB signifikant (Signifikanz höchsten Grades) im Vergleich zur Modalbedingung ansteigt. Aufgrund der

Ergebnisse der Signifikanztests können nun die Sprechproben aus dieser Arbeit mit denen von Meinerz (2010) kollektiv betrachtet werden (= Korpus ‚WR‘).

Wie oben bereits erläutert, verknüpft der Korpus ‚WR‘ die im Rahmen dieser Arbeit erhobenen Sprechproben im Modalmodus und Lombardmodus unter Weißem Rauschen 60dB mit den entsprechenden Sprechproben aus Meinerz (2010). Da Meinerz jedoch nur spontansprachliche Proben verwendete, werden für dieses Kapitel ebenfalls nur die spontansprachlichen Proben aus der vorliegenden Arbeit berücksichtigt. Nachfolgend werden zunächst die Rohdaten aus Korpus ‚WR‘ tabellarisch dargestellt (mittlere Grundfrequenz und Standardabweichung in Hz).

4.2.1 Deskriptive Statistik – F0-Mittelwert und Standardabweichung

Tabelle 18 Messungen für die F0-Mittelwerte– Modalbedingung und Weißes Rauschen
(63 Vpn)

VP	Weißes Rauschen			VP	Weißes Rauschen		
	Mean (Hz)	Median (Hz)	SA (Hz)		Mean (Hz)	Median (Hz)	SA (Hz)
1	144	139	25	33	128	126	12
2	145	141	18	34	138	135	20
3	135	139	25	35	139	138	24
4	180	177	30	36	146	143	20
5	141	136	27	37	152	148	24
6	131	126	24	38	159	156	25
7	198	198	32	39	170	167	28
8	154	147	27	40	147	145	21
9	139	134	25	41	142	138	22
10	102	99	15	42	178	171	40
11	120	119	20	43	137	131	27
12	123	118	22	44	131	128	28
13	170	168	30	45	124	121	20
14	161	155	36	46	119	115	16
15	161	158	24	47	120	113	21
16	137	131	28	48	130	125	23
17	165	158	33	49	124	118	22
18	140	134	26	50	121	115	26
19	159	155	24	51	142	138	21
20	173	172	28	52	135	132	21
21	124	122	16	53	108	106	12
22	187	174	40	54	136	134	20
23	126	130	24	55	136	135	22
24	155	150	26	56	121	117	20
25	150	145	28	57	170	168	29
26	126	130	24	58	146	144	17
27	134	125	33	59	144	143	16
28	154	152	25	60	123	119	22
29	139	132	33	61	151	148	26
30	150	148	23	62	160	157	28
31	123	117	24	63	164	164	33
32	168	166	30				

Quelle: Eigene Erstellung.

143

Tabelle 18 zeigt die F0-Mittelwerte für die Modal- und die Lombard-Bedingung (WR mit 60 dB). Der niedrigste F0-Wert für die Modalbedingung liegt bei 87 Hz, der Maximalwert bei 159 Hz. Für die Lombard-Bedingung liegen ein Minimalwert von 102 Hz und ein Maximalwert von 198 Hz vor.

Abbildung 22 Verteilung der F0-Mittelwerte –
Modal und Weißes Rauschen (63 Vpn)

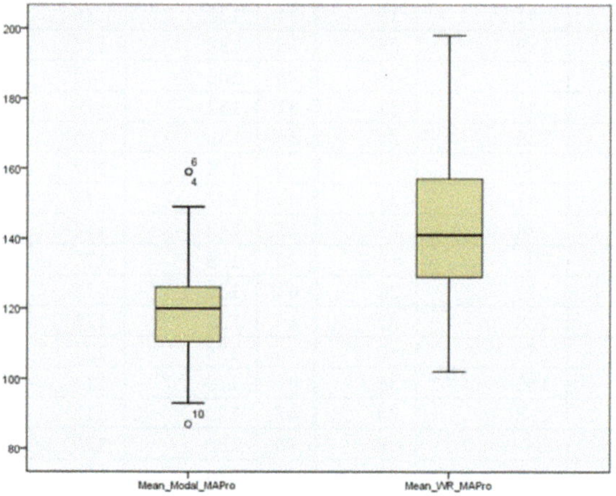

Quelle: Erstellung in SPSS.

Abbildung 22 zeigt die Verteilung aller mittleren F0-Werte für die Modalbedingung und für das Weiße Rauschen. Es ist deutlich zu erkennen, dass sowohl der F0-Mittelwert als auch die Streuung der Mittelwerte im Korpus „WR" unter dem Einfluss der Störschallbelastung mit 60dB-Weißem Rauschen gegenüber der Modalbedingung erhöht sind (F0-Mittelwert Modal = 120 Hz, unter Weißem Rauschen = 144 Hz).

Tabelle 19 Messungen für die Standardabweichung – Modalbedingung und Weißes Rauschen (63 Vpn)

VP	SA Modal	SA Lombard	VP	SA Modal	SA Lombard
1	20	25	33	14	12
2	19	18	34	15	20
3	11	25	35	32	24
4	26	30	36	16	20
5	21	27	37	17	24
6	27	24	38	18	25
7	18	32	39	17	28
8	22	27	40	13	21
9	17	25	41	20	22
10	11	15	42	39	40
11	17	20	43	23	27
12	13	22	44	27	28
13	14	30	45	15	20
14	30	36	46	16	16
15	19	24	47	20	21
16	18	28	48	16	23
17	29	33	49	19	22
18	18	26	50	23	26
19	18	24	51	16	21
20	13	28	52	19	21
21	11	16	53	11	12
22	21	40	54	18	20
23	10	24	55	15	22
24	19	26	56	22	20
25	24	28	57	22	29
26	11	24	58	16	17
27	18	33	59	12	16
28	20	25	60	24	22
29	19	33	61	19	26
30	13	23	62	17	28
31	17	24	63	20	33
32	11	30			

Quelle: Eigene Erstellung.

Für die Standardabweichung der Modalbedingung liegen ein Minimum von 10 Hz und ein Maximum von 40 Hz vor, für die

Bedingung „Weißes Rauschen" wurden ein Minimum von 12 Hz und ein Maximalwert von ebenfalls 40 Hz nachgewiesen. Diese Werte sind Tabelle 19 zu entnehmen.

Abbildung 23 zeigt die Boxplots für die SA von Modal und WR, basierend auf oben aufgeführter Tabelle.

Abbildung 23 Verteilung der Werte für die Standardabweichung – Modal und Weißes Rauschen (63 Vpn)

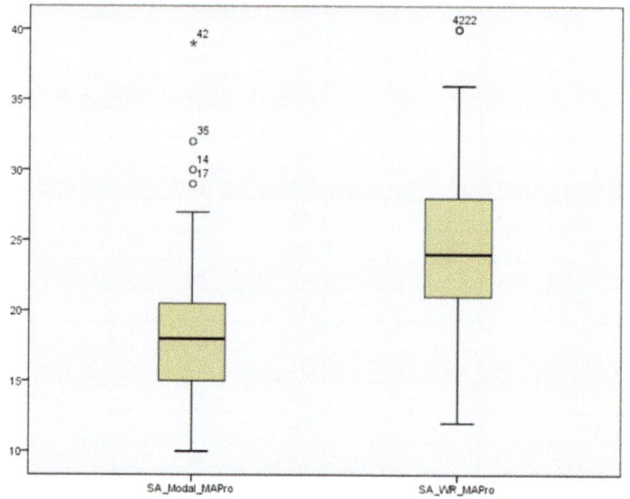

Quelle: Erstellung in SPSS.

Die Standardabweichung der Modalbedingung liegt im Durchschnitt bei 19 Hz, die SA des Weißen Rauschens bei 25 Hz. Die Streuung der SA-Werte des Weißen Rauschens erscheint gegenüber der SA der Modalbedingung erhöht. Dies zeigen die dargestellten Boxplots.

Als Ergebnis der deskriptiven Statistik zum Korpus ‚WR' kann festgehalten werden, dass die F0-Mittelwerte unter dem Einfluss eines Weißen Rauschens mit 60 dB steigen und die Standardabweichung größer wird. Im Rahmen der explorativen Statistik wird untersucht, ob die Veränderungen systematischer Natur sind.

4.2.2 Explorative Statistik – F0-Mittelwerte und Standardabweichung

Nachfolgend werden der Vorzeichentest für den F0-Mittelwert und die Standardabweichung dargestellt. Auch hier gelten die Voraussetzungen wie bei den Tests in Kapitel 4.1.3. Die Ergebnisse für den Mittelwert und die Standardabweichung sind hier tabellarisch zusammen aufgelistet.

Tabelle 20 Vorzeichentest: F0-Mittelwert und SA - „Weißes Rauschen" (63 Vpn)

Modal zu	Signifikanz spontan (WR)
Mittelwert	ja
SA	ja

Quelle: Eigene Erstellung.

Der Vorzeichentest für den F0-Mittelwert und die Standardabweichung aus Tabelle 20 belegt einen signifikanten Anstieg der mittleren Grundfrequenz in der Lombard-Bedingung im Vergleich zur Modalbedingung und bestätigt damit die bereits von Meinerz (2010) festgestellten Zusammenhänge.

4.2.3 Relativität WR – Mittlere F0 und Grundfrequenzvariabilität

Bereits im Kapitel 4.1.6 wurde angestrebt, die Veränderungen der Grundfrequenzparameter unter Lombard-Einfluss gegenüber der modalen Sprech-bedingung im Interesse einer über eine rein numerische Darstellung hinaus zu betrachten. Das gilt vor allem für die Betrachtung der Grundfrequenzvariabilität. Daher werden die Veränderungen der mittleren F0 und der Standardabweichung in Hz von der akustisch-physikalischen Ebene auf die auditiv-wahrnehmungsbezogene Skala der Halbtöne und in das relative Streuungsmaß des VK übertragen, hier in Bezug auf den „Korpus WR".

4.2.3.1   Relativität - Mittlere F0

Aus Tabelle 26 ergibt sich deutlich, wie schon bei den *„real-world"*-*Bedingungen*, dass sich die mittlere Modal-F0 und Lombard-F0 unterscheiden. Die Signfikanztests in Kapitel 4.2.2 haben nachgewiesen, dass dieser Unterschied systematischer Natur ist..

Tabelle 21 Vergleich– F0-Mittelwerte in Hz und Halbtönen

	Hz	%	Halbtöne	%
F0-Mittel Modal	120	= 100	82,7	= 100
F0-Mittel WR	144	+20	85,9	ι3,7

Quelle: Eigene Erstellung.

Nach Umrechnung der Mittelwerte auf die psycho-akustische und wahrnehmungs-relevante Halbtonskala, zeigt sich, dass die Veränderung der mittleren F0 zwischen Modal- und Lombard-Bedingung in Halbtönen ausgedrückt deutlich geringer ausfällt als entlang der akustischen Skala.

4.2.3.2   Relativität - Grundfrequenzvariabilität

Tabelle 22 zeigt die entsprechenden Ergebnisse für die Grundfrequenzvariabilität, ausgedrückt in Hz, in Halbtönen und mit

Hilfe des Variationskoeffizienten. Auch hier zeigt sich ein ähnliches Bild wie bei den *„real-world"-Bedingungen* in Kapitel 4.1.6: Die Differenz der SA-Modal zur SA-Lombard ist in der physikalisch-akustischen Dimension am größten, in Halbtönen hingegen am geringsten. Auch hier nimmt die Größe des VK eine Zwischenstellung ein.

Tabelle 22 Vergleich Standardabweichung - Darstellung in Hz, HT und VK

	Hz	%	Halbtöne	%	VK	%
SA Modal	19	= 100	5	= 100	0,15	= 100
SA WR	25	+31,6	5,6	+12	0,17	+13,3

Quelle: Eigene Erstellung.

Für die Grundfrequenzvariabilität sind somit die gleichen Tendenzen erkennbar wie für die mittleren F0-Werte des Weißen Rauschens.

4.2.4 Zusammenfassung: Weißes Rauschen

Nachdem die Messdaten der mittleren F0 und der SA für das Weiße Rauschen analog den Analysekriterien der *„real-world"-Bedingungen* untersucht wurden, ist festzustellen, dass die Ergebnisse denen der *„real-world"-Bedingungen* entsprechen: Bei einer Störschallbelastung

150

mit Weißem Rauschen und einem Pegel von 60 dB sind die mittlere F0 und die Standardabweichung (Hz) signifikant erhöht.

Diese Analogie zeigt sich auch in Bezug auf die Grundfrequenzvariabilität und Übertragung der Ergebnisse in Hz auf die Halbtonskala und den Variations-koeffizienten: Die Unterschiede zwischen Modalmodus und Lombard-Modus sind auf der psycho-akustischen Ebene am geringsten, auf der physikalisch-akustischen Ebene am größten.

4.2.5   Einordnung der Ergebnisse zur F0-Statistik im Modalmodus

Wie eingangs erläutert, wurde Korpus „WR" zusammengestellt, um eine Grundfrequenzstatistik, sowohl für Sprechen im Modalmodus als auch unter Lombard-Einfluss mit Weißem Rauschen, erstellen zu können, welche aufgrund der größeren Versuchspopulation als statistisch repräsentativer zu betrachten ist. Aus den Messwerten für Korpus „WR" (= Tabelle 23) ergibt sich eion F0-Mittelwert im modalen Sprechmodus von 120 Hz und einer Standardabweichung von 18 Hz und seiner wahrnehmungsbezogenen Korrelate. Der hier errechnete Mittelwert und seine auditiven bzw. rechnerischen Korrelate der Grundfrequenzvariabilität werden im folgenden

Abschnitt mit den entsprechenden Ergebnissen der vorliegenden Literatur zur Grundfrequenzstatistik verglichen.

In einer Population von 100 männlichen Sprechern, Muttersprachler des Deutschen, konnte Künzel (1987) nachweisen, dass die mittlere F0 im Modalmodus bei 115,8 Hz liegt. Der in der vorliegenden Arbeit festgestellte Mittelwert unterscheidet sich von dem aus Künzel um ca. 4%. Dieser Unterschied erklärt sich möglicherweise durch die von Künzel verwendete Messmethode, insbesondere die Anwendung einer Glättungsfunktion der nach Autokorrelation gewonnen Messdaten. Bezüglich der Melodik gibt Künzel (1987) bei einer durchschnittlichen F0 von 120 Hz eine Standardabweichung von +/- 20 Hz an, was 5,2 Halbtönen oder einem Variationskoeffizienten von 0,17 entspräche. Bezüglich der Melodik finden sich bei Künzel ansonsten diesbezüglich keine Angaben.

Hollien et al. (1997) berichten in ihrer Studie zur F0-Statistik mit 157 Studenten im Alter zwischen 18-26 Jahren von einer durchschnittlichen mittleren Grundfrequenz von 123 Hz und an einer Population von 142 Militärangehörigen in der gleichen Altersgruppe von 116 Hz.

Traunmüller und Eriksson (1995) erstellten eine Übersicht über vorhandene statistische Untersuchungen zur Grundfrequenz[116]. Diese Übersicht wird im Folgenden abgebildet.

Abbildung 24 Übersicht über F0-Statistiken nach Eriksson und Traunmüller (1995)

Table 1. Mean value of F_0 in Hz and average F_0-variation (SD) in semitones according to ten investigations that report results from adult male and female speakers in the same setting. Under 'Type', the speech samples are classified according to their expected liveliness, as explained in text.

Investigation	Type	n	Sex	Age	F_0	SD
Rappaport (1958), German	1	190	m		129	2.3
	1	108	f		238	1.9
Chevrie-Muller et al. (1967), French	2	21	m	20–61	145	2.5
	2	21	f	19–72	226	2.3
Takefuta et al. (1972), English	4	24	m		127	3.8
	4	24	f		186	5.4
Chen (1974), Mandarin Chinese	2	2	m	30–50	108	4.1
	2	2	f	30–50	184	3.8
Boë et al. (1975), French	2	30	m		118	1.8
	2	30	f		207	3.0
Kitzing (1979), Swedish	1	51	m	21–70	110	3.0
	2	141	f	21–70	193	2.7
Johns-Lewis (1986), English: Conversation	2	5	m	24–49	101	3.4
	2	5	f	24–49	182	2.7
Reading	3	5	m	24–49	128	4.35
	3	5	f	24–49	213	4.5
Acting	4	5	m	24–49	142	4.85
	4	5	f	24–49	239	5.3
Graddol (1986), English: Reading passage A	1	12	m	25–40	119	3.6
	3	15	f	25–40	207	3.05
Reading passage B	3	12	m	25–40	131	4.55
	3	15	f	25–40	219	3.9
Pegoraro Krook (1988), Swedish	2	198	m	20–79	113	2.65
	2	467	f	20–89	188	2.55
Rose (1991), Wu	2	4	m	25–62	170	4.1
	2	3	f	30–64	187	3.8
Average/investigation European languages only		11	m		124	3.4
		11	f		211	3.4
Average/balanced speaker European languages only		471	m		119	2.8
		471	f		207	2.7

Quelle: Traunmüller & Eriksson, 1995.

Abbildung 24 zeigt die Zusammenstellung bereits vorliegender Grundfrequenzstatistiken betreffend die mittlere F0 und die Melodik,

---

[116] Traunmüller & Eriksson, 1995.

angegeben in Halbtonschritten. Von besonderem Interesse sind darin die Ergebnisse von Rappaport, Kitzing und Pegoraro Krook. Die dort berichteten Mittelwerte schwanken zwischen 110 und 129 Hz. Als Maß der Melodik werden in der Tabelle Halbtonschritte angegeben, die bei den drei genannten Studien zwischen 2,3 und 2,65 Halbtönen liegen (gemeint dürften hierbei jeweils die Abweichung oberhalb und unterhalb des F0-Mittelwertes sein). Zu berücksichtigen ist, dass bei allen drei Studien eine größere Spannweite der Altersstruktur der Vpn vorliegt und dass unterschiedliche Sprechmodi ("*Type*") unterschieden werden. Nach Traunmüller und Eriksson (1995) entspricht der "*Type 1*" geschäftsmäßiger Konversation und "*Type 2*" privater Konversation oder Lesen. Traunmüller und Eriksson (1995) verweisen, unter Berücksichtigung aller angezeigten Studien, also auch derjenigen mit statistisch nicht repräsentativer Anzahl von Vpn, auf eine Variabilität von +/- 2,8 Halbtönen bei europäischen Sprachen und für die chinesische Sprache von +/- 4,0 Halbtönen. Tielen (1989) argumentiert, dass Grundfrequenzparameter möglicherweise von kulturellen Verhaltensvorgaben beeinflusst werden[117]. Braun und Heilmann (2012) sprechen auch von „kulturellen Stereotypen", die hier eine Rolle spielen können. Möglicherweise ist die Stimmlippengrundfrequenz aber auch einzelsprachenabhängig[118]. Braun und Heilmann (2012) berichten in

---

[117] Tielen, 1989.

[118] Traunmüller & Eriksson, 1995.

ihrer Arbeit zu Stimme und Emotion, in der unter anderem auch Grundfrequenzparameter untersucht wurden, dass eine mittlere Grundfrequenz von 128,4 Hz eines deutschen Muttersprachlers von Muttersprachlern des Deutschen als emotional neutral wahrgenommen wird. Bei Muttersprachlern des amerikanischen Englisch und des Japanischen ergeben sich entsprechend 114,9 und 144,8 Hz. Dem entsprechen Korrelate der Melodik von 6,0, 3,4 und 6,7 Halbtönen bei den deutschen, amerikanischen und japanischen Muttersprachlern. Die Autorinnen bestätigen damit einen Zusammenhang zwischen kulturellen Verhaltensvorgaben nicht nur der mittleren Grundfrequenz, sondern auch der Grundfrequenzvariabilität.

Lindh (2006) untersuchte 109 männliche Muttersprachler des Schwedischen[119] im Alter von 20-30 Jahren und ermittelte eine durchschnittliche F0 von 120,8 Hz. Die 120,8 Hz sind dabei das Ergebnis einer durchschnittlichen Grundfrequenz, die nach dem Meanverfahren berechnet wurde. Als Korrelat der Melodik gibt Lindh (2006) 20 Hz bzw. 5,0 Halbtöne für seine Population an.

Hudson et al. (2007) untersuchten die mittlere F0 bei 100 männlichen Sprechern des *Southern Standard British English*[120]. Die Versuchspersonen waren im Alter von 18-25 Jahren und die

---

[119] aus der SweDia-Sprachdatenbank

[120] Hudson et al., 2007.

Sprechproben aus der DyVis-Stimmdatenbank. Hudson et al. (2007) verwendeten in der Untersuchung spontane Äußerungen der Vpn aus einem simulierten polizeilichen Vernehmungsgespräch. Zu berücksichtigen ist bei den Ergebnissen allerdings, dass die Vpn nach Hudson et al. (2007) unter kognitivem Stress standen[121]. Nach dem Meanverfahren wurde eine mittlere Grundfrequenz von 106 Hz gemessen. Es ist hier anzumerken, dass nach Angaben der Autoren außer dem Mean zusätzlich die mittlere F0 nach dem Median und Modus berechnet wurde. Dabei zeigte sich, dass Median und Modus vom Mean nach unten abweichende Mittelwerte ergaben (105 Hz, 102,2 Hz), worüber auch Lindh (2006) berichtete. Wie in Kapitel 4.1.3.1 bereits dargelegt wurde, ist in der vorliegenden Untersuchung der F0-Mittelwert über das Meanverfahren berechnet worden. Eventuelle systematische Korrekturen von Ausreißern der F0-Kontur wurden von Hudson et al. (2007), ebenso wie Lindh (2006), jedoch offenbar nicht vorgenommen, wodurch die Unterschiede zwischen Mean und Median jedenfalls erklärbar wären. Zur Melodik bzw. Standardabweichung finden sich bei Hudson et al. (2007) keine Angaben.

---

[121] "The material is therefore spontaneous speech elicited under cognitive stress not dissimilar to the forensic scene." (Quelle: Hudson et al., 2007)

Tabelle 23 Übersicht über Grundfrequenzstatistiken n >50

Autor	Jahr	n=	mittlere F0 (Hz)	F0-Variabilität
Rappaport	1958	190	129	4,6 HAT
Hollien & Shipp	1972	175	120	-
Majewski et al.	1972	103	138	-
Hollien & Jackson	1973	157	128	-
Horii	1975	65	112	4,8 HAT
Kitzing	1979	51	110	6,0 HAT
Künzel	1987	100	115,8	-
Pegora Krook	1988	198	113	3,3 HAT
Hollien et al.	1997	157	123	3,2 HAT
		142	116	3,4 HAT
Lindh & Eriksson	2006	109	120,8	5,0 HAT
Hudson et al.	2007	100	106	-

Quelle: Eigene Erstellung.

Tabelle 23 zeigt eine Übersicht über bereits in der einschlägigen Literatur vorhandene F0-Statistiken unter Berücksichtigung einer größeren Versuchspersonenanzahl (n >50). Einige der aufgelisteten Statistiken sind bereits in der o.a. Abbildung von Eriksson und

Traunmüller (1995) vorhanden. Aus den angegebenen Grundfrequenzen errechnet sich kollektiv ein Mittelwert von 117,1 Hz. In Bezug auf die Grundfrequenzvariabilität ergibt sich entsprechend ein Mittelwert von 4,4 Halbtönen. Die Unterschiede sind möglicherweise erklärbar durch uneinheitliche Alterskohorten, Unterschiede in der Größe der Versuchspopulation und auch unterschiedliche Messmethoden.

5   Diskussion

Im Rahmen des empirischen Teils dieser Arbeit wurde nachgewiesen, dass die mittlere Grundfrequenz und die Grundfrequenzvariabilität bei Sprechen unter Lärmbelastung entsprechend der hier hergestellten Bedingungen im Vergleich zu Sprechen unter neutralen Bedingungen signifikant ansteigen[122]. Damit können die einschlägigen vorliegenden Ergebnisse der Forschung zum Lombard-Stress zunächst generell bestätigt werden. Entsprechend den Fragestellungen wurde nach Spontansprache und Lesen, insbesondere jedoch nach der Art und Intensität des Störschalls differenziert. Zusätzlich erfolgte auf der Grundlage einer erweiterten Vpn-Population die Untersuchung des Einflusses von Weißem Rauschen und die Erhebung einer F0-Statistik zur mittleren Grundfrequenz und ihrer Variabilität für Spontansprache. Damit eröffnet sich die Möglichkeit, die erhaltenen Daten entsprechend differenziert zu diskutieren. Die Diskussion schließt Überlegungen zur Verhältnismäßigkeit der Veränderungen der Grundfrequenzparameter unter Berücksichtigung der unterschiedlichen Ebenen, auf denen sich die Veränderungen

---

[122] mit Ausnahme der Lombard-Bedingung „Stimmengewirr 70 dB" für die F0-Variabilität bei Lesen

manifestieren, ein. Im Wesentlichen sind das die physikalisch-akustische und die wahrnehmungsrelevante Ebene.

5.1 Mittlere F0: Lesen und Spontansprache, Störschallqualität und –intensität

Die Ausprägung der mittleren Grundfrequenz in Abhängigkeit von Störschallqualität und -intensität wurde für Spontansprache und Lesen getrennt ausgewertet. Zwar konnte in allen Bedingungen die Beobachtung gemacht werden, dass die mittlere F0 bei Spontansprache höher war als bei Lesen, jedoch konnte nicht für alle Versuchsbedingungen ein signifikanter Unterschied nachgewiesen werden. Ein signifikanter Unterschied besteht nur bei Störschall in Form eines Stimmengewirrs mit 70 dB und 80 dB. Dies kann so gedeutet werden, dass ein Sprecher bei spontanem Sprechen[123] , zusätzlich zum Lombard-Stressor, kognitiv gestresst ist, indem gleichzeitig eine intellektuelle Leistung zu erbringen ist, Diese besteht darin, dass Kreativität zu entwickeln und ein inhaltlich sinnvoller Zusammenhang zwischen den zu beschreibenden Bildern herzustellen ist. Dem gegenüber ist das Lesen in stärkerem Maße reproduzierend und damit möglicherweise weniger anspruchsvoll

---

[123] hier: Nacherzählen einer Bildergeschichte

und daher weniger stressanfällig. Obwohl signifikante Unterschiede zwischen Lesen und Spontansprache, wie angegeben, nur unter zwei Versuchsbedingungen (Stimmengewirr mit 70 dB und 80 dB) festgestellt werden konnten, sollten diese beiden Sprechmodi aus forensisch-phonetischer Sicht dennoch berücksichtigt werden, wenn die mittlere Grundfrequenz als sprecherspezifisches Merkmal bewertet werden soll. Die in der einschlägigen Literatur diesbezüglichen beobachteten Unterschiede bestätigen diese Empfehlung ohnehin, wenngleich die Ergebnisse zu dieser Fragestellung uneinheitlich sind. Nicht ohne Grund empfiehlt Braun (1992) allerdings bei der Erhebung von kontrollierten Vergleichssprechproben sowohl Spontansprache als auch den Lesemodus zu berücksichtigen. Schließlich scheint auch nach den hier festgestellten Unterschieden zwischen Lesen und Spontansprache dieser Aspekt vor allem bei Sprechen unter dem Einfluss von Stimmengewirr forensisch-phonetisch besonders bedeutsam zu sein.

Im Rahmen dieser Arbeit wurde weiter der Einfluss der Intensität des Störschalls auf die Veränderung der mittleren Grundfrequenz untersucht. Zu diesem Zweck wurden den Vpn zwei der drei angewendeten Störschallarten, i.e. Fahrgeräusch und Stimmengewirr mit 70 bzw. 80 dB dargeboten. Es hat sich gezeigt, dass sowohl bei Fahrgeräusch als auch bei Stimmengewirr die mittlere Grundfrequenz mit einem Störschallpegel von 80 dB signifikant höher liegt als bei 70 dB. Aus der Forschung ist dieser Effekt, also der des Schallpegeleinflusses, bereits anhand von laborgeneriertem Störschall[124] hinlänglich bekannt. Die Gründe sind darin zu sehen, dass der höhere Pegel offenbar einen stärkeren Stressfaktor darstellt, der sich dementsprechend in der Veränderung der mittleren Grundfrequenz niederschlägt[125]. Anhand der Ergebnisse dieser Arbeit kann allerdings nachgewiesen werden, dass diese positive Korrelation zwischen dem Störschallpegel und der Erhöhung der mittleren Grundfrequenz, nicht nur für künstlichen Störschall, wie z.B. Weißes oder Rosa Rauschen, sondern auch für forensisch relevanten Störschall, nämlich Fahrgeräusche und Stimmengewirr gilt.

Welche Auswirkungen dieser Effekt des Schallpegels in der forensischen Praxis hat, dürfte jedoch in starkem Maß einzelfallabhängig sein. Einerseits hat sich gezeigt, dass die einzelnen Versuchspersonen unterschiedlich stark auf den Störschallpegel reagieren, andererseits ist bei aufgezeichneten Telefongesprächen der gegebenenfalls auf einen Gesprächsteilnehmer einwirkende Störschallpegel nicht bekannt und auch nicht objektiv feststellbar. Dies macht es z.B. schwierig, das Ausmaß von Unterschieden der mittleren Grundfrequenz bei dem Vergleich einer Modalsprechprobe mit der Stimme aus einem oder mehreren derartigen Telefongesprächen einschätzen zu können. Gleiches gilt bei einem

---

[124] gefärbtes und Weißes Rauschen

[125] gefärbtes und Weißes Rauschen, z.B. Meinerz, 2010

Vergleich von z.B. zwei Telefongesprächen, die in gewissem zeitlichem Abstand mit der gleichen Art von Störschall mit vergleichbarem inhaltlichem Kontext geführt werden. Unterschiede der mittleren Grundfrequenz des betroffenen Teilnehmers könnten natürlich sprecherspezifisch sein, d.h. dass es sich tatsächlich um verschiedene Sprecher handelt, andererseits aber auch auf einem objektiv unterschiedlichen auf den jeweiligen, identischen Sprecher einwirkenden Stör-schallpegel sein. Vorstellbar ist außerdem, dass, wenn im Verlaufe eines Telefon-gesprächs mit gleichbleibender Art von Störschall dieser an- oder abschwillt, die gegebenenfalls damit verbundenen Änderungen der mittleren Sprechstimmlage damit erklärbar sind, und nicht etwa darauf beruhen, dass ein Sprecherwechsel stattgefunden hat.

Aufgrund der Ergebnisse der Auswertung der zum Lombard-Effekt auf die Grundfrequenz vorhandenen bzw. nicht vorhandenen Forschungsergebnisse bestand ein wesentlicher Aspekt des Versuchsaufbaus darin, den Lombard-Einfluss auf die mittlere F0 unter Anwendung forensisch relevanter Störschallqualitäten zu untersuchen. Hierfür wurden zwei Arten von Störschall ausgewählt, die in der forensischen Praxis häufig vorhanden sind: Fahrgeräusche und Stimmengewirr. Die Ergebnisse zeigen, dass die mittlere Grundfrequenz im Vergleich zu Sprechen im Zustand der Ruhe bei Stimmengewirr signifikant höher liegt als bei dem Fahrgeräusch, sowohl bei einem Pegel von 70 dB als auch 80 dB. Daraus lässt sich ableiten, dass Stimmengewirr einen offenbar stärkeren Stressor als

163

Fahrgeräusche in der hier verwendeten Ausprägung darstellt[126]. Die stärker belastende Wirkung des Stimmengewirrs ist möglicherweise zum Einen darauf zurückzuführen, dass es sich um einen Störschall handelt, der linguistische Informationen enthält und damit eine stärkere von der eigenen gedanklichen Planung ablenkende Wirkung hat.. Zum Anderen könnte die stärkere Variabilität des Stimmengewirrs gegenüber dem Fahrgeräusch (bei konstanter Geschwindigkeit und Motordrehzahl) eine Adaption des Sprechers dementsprechend erschweren. Zudem dürften sich sowohl die erschwerte Anpassung als auch die stärker ablenkende linguistische Information im Stimmengewirr negativ auf die auditive Rückkopplung auswirken (siehe Kapitel 2.3.1). Die Ergebnisse zur Art des Störschalls ergänzen damit den aktuellen Forschungsstand um den Aspekt der forensisch relevanten Störschälle als Lombard-Stressoren.

Für die forensische Praxis bedeuten die Ergebnisse bezüglich der Störschallarten, dass bei einem Vergleich zweier mit unterschiedlichen Störschallarten (z.B. Fahrgeräusch und Stimmengewirr) belasteten Telefongesprächen und tatsächlich gleichen Sprechern Unterschiede der mittleren Grundfrequenz erklärbar sind und kein Hinweis auf verschiedene Sprecher sein

---

[126] Damit bestätigen sich die Ergebnisse von Davis et al. (2006), die ebenfalls einen stärkeren Einfluss von *multitalker babble* als Weißes Rauschen nachwiesen.

müssen. Andererseits, sofern die sonstige forensisch-phonetische Analyse auf unterschiedliche Sprecher hinweist und diese tatsächlich verschieden sind, darf das Ergebnis „keine Identität" nicht mit Unterschieden der mittleren Grundfrequenz begründet werden. Klar erscheint jedenfalls, dass Stimmengewirr offenbar die mittlere Grundfrequenz potenziell stärker beeinflusst als konstante Fahrgeräusche. Die Ergebnisse zur mittleren Grundfrequenz und ihrer Anfälligkeit für Lombard-Einflüsse insgesamt verstärken die bereits vorhandenen Hinweise aus der Forschung, dass die sprecherspezifische Aussagekraft dieses Parameters in starkem Maße einzelfallabhängig ist.

5.2   F0-Variabilität: Lesen und Spontansprache, Störschallqualität und –intensität

Ergänzend zur mittleren Grundfrequenz wurde auch die Grundfrequenzvariabiltät im Hinblick auf ihre unterschiedliche Ausprägung unter Modal- und Lombardbedingungen untersucht. Wie schon bei der mittleren Grundfrequenz, konnte auch hier, bis auf eine Ausnahme (Stimmengewirr mit 70 dB bei Lesen), in allen Lombard-Bedingungen eine signifikante Erhöhung im Vergleich zur Modalbedingung nachgewiesen werden. Auch zur F0-Variabilität wurde gemäß Spontansprache und Lesen sowie Störschallpegel und Störschallqualität differenziert.

Beim Vergleich von Spontansprache und Lesen zeigt sich hinsichtlich der Grundfrequenzvariabilität, in den Ausgangsbedingungen als Standardabweichung in Hz vorliegend, ein ähnliches Muster wie bei der mittleren Stimmlippengrundfrequenz: In den Bedingungen Modal, Fahrgeräusche 70 dB sowie Fahrgeräusche 80 dB konnte kein signifikanter Unterschied zwischen Spontansprache und Lesen nachgewiesen werden. Bei den beiden Bedingungen Stimmengewirr 70 dB und 80 dB hingegen wurde ein signifikanter Unterschied dahingehend gezeigt, dass die Standardabweichung in diesen beiden Bedingungen bei Lesen geringer als bei Spontansprache ist. Insgesamt kann dies auch im Falle der Standardabweichung so gedeutet werden wie bei der mittleren Stimmlippengrundfrequenz: Bei spontanem Sprechen (sinnhafte Schilderung einer

Bildergeschichte) steigt die Standardabweichung, ebenso wie die mittlere F0, möglicherweise, weil die Versuchspersonen im Prinzip in mehrfacher Hinsicht belastet sind, nämlich durch die Kombination aus größerem kognitiven Anspruch und Belastung mit ablenkendem Lärm. Die forensisch-phonetischen Implikationen entsprechen denen der für die mittlere F0.

Bezüglich der möglichen Auswirkungen der Intensität des Störschalls auf die F0-Variabilität konnte weder für Spontansprache noch für Lesen ein signifikanter Zusammenhang nachgewiesen werden. Dies lässt den Schluss zu, dass die F0-Variabilität gegenüber der Störschallintensität resistenter ist als die mittlere F0 und unter dieser Bedingung aus forensisch-phonetischer Perspektive möglicherweise einen stabileren Parameter darstellt.

Die Prüfung eines signifikanten Zusammenhangs zwischen der Qualität des Störgeräuschs und der Veränderung der Standardabweichung ergab, dass das Stimmengewirr nur bei Spontansprache, sowohl bei 70 dB als auch bei 80 dB, einen größeren Einfluss als die beiden entsprechenden Varianten des Fahrgeräuschs hat. In Bezug auf spontanes Sprechen können damit die Ergebnisse und Implikationen zur mittleren Grundfrequenz hinsichtlich der Störschallqualität bestätigt werden.

Insgesamt ergibt sich für die Grundfrequenzvariabilität ein weniger eindeutiges Bild als für die mittlere F0 bezüglich Lesen gegenüber Spontansprache, der Störschallintensität und der Störschallqualität.

Die F0-Variabilität wird unter Lombard-Einfluss zwar größer, die Auswirkung ist allerdings schwächer als auf die mittlere Grundfrequenz. Deshalb könnte, wie oben erwähnt, die F0-Variabilität als ein möglicherweise störschallresistenterer und robusterer Parameter als die mittlere F0 betrachtet werden.

5.3 Relativität

Nach Auswertung der Daten bezüglich des Grundfrequenzmittelwerts und der Grundfrequenzvariabilität, speziell die Abweichungen zwischen dem modalen und dem Lombard-Sprechmodus, zeigt sich sowohl für die *Real-World*-Störschälle als auch für das Weiße Rauschen ein ähnliches Bild: Für die verschiedenen Ebenen der Darstellung – akustisch und auditiv – ergeben sich unterschiedliche Verhältnisse bei Betrachtung der relativen Differenzen zwischen Modal- und Lombard-Werten. Es zeigt sich, dass die größte verhältnismäßige Abweichung der mittleren Modal-F0 ebenso wie der Grundfrequenzvariabilität zwischen Modal- und Lombard-Modus in der akustisch-physikalischen Dimension (Hz) besteht. Das betrifft Spontansprache und Lesen gleichermaßen. Deutlich geringer fallen die verhältnismäßigen Unterschiede nach Übertragung der physikalisch-akustischen Skalierung auf die psycho-akustische Ebene der

Halbtonskala aus. Eine Zwischenstellung hinsichtlich der Relativität nimmt, wie in Kapitel 4.1.6 bereits erläutert, der Variationskoeffizient als relatives Streuungsmaß ein. In Bezug auf die forensisch-phonetische Bedeutung der Ergebnisse dieser Arbeit, unter dem Blickwinkel der Verhältnismäßigkeit von Veränderungen der untersuchten F0-Parameter, offenbaren sich Risiken, die sich aus deren Quantifizierung ergeben: Die Wahl der Skala erlaubt es demnach, Ähnlichkeiten bzw. Unterschiede zwischen Sprechproben herbei zu führen. Größere Unterschiede lassen sich durch Anwendung der physikalisch-akustischen Skala hervorheben, größere Übereinstimmungen hingegen durch Verwendung z.B. einer psycho-akustischen Skala. Diese Risiken dürften für alle Formen der Quantifizierung, zumindest frequenzabhängiger, sprechertypischer Merkmale bei Stimmenvergleichen gelten. Es erscheint daher bei Stimmenvergleichen geboten zu sein, quantifizierte Merkmale, speziell die aus der Grundfrequenzanalyse abgeleiteten, mit Expertenwissen und in Kombination mit sonstigen Merkmalen verantwortungsvoll zu interpretieren. Es bleibt allerdings festzuhalten, dass sich die unter Lombard-Einfluss nachgewiesenen Verschiebungen der mittleren Grundfrequenz und ihrer Variabilität auf der wahrnehmungsbezogenen und auditiv relevanten Halbtonskala offenbar proportional geringer auswirken als entlang der numerisch orientierten Frequenzachse.

5.4   Weißes Rauschen und erweiterte F0-Statistik

Die Auswertung der Sprechproben unter der Bedingung des Weißen Rauschens zeigt, dass die mittlere F0 und ihre Variabilität unter Einfluss des synthetischen Störschalls Weißes Rauschen mit einem Schallpegel von 60 dB ansteigen. Hier konnte, wie bei den *„real-world"-Bedingungen*, ein signifikanter Unterschied, hier bei 63 Vpn, nachgewiesen werden. Unabhängig von den hier angewendeten Störschallqualitäten führt Störschallbelastung demnach ganz allgemein zu Verschiebungen der beobachteten Grundfrequenzparameter.

Der Grundfrequenzmittelwert in dieser erweiterten Population ergab eine durchschnittliche F0 von 120 Hz in der modalen Sprechbedingung und liegt damit innerhalb der Spannweite anderer, einschlägiger Untersuchungen mit größeren Versuchspopulationen (n > 50). Dies scheint damit einerseits als ein Indikator für die Validität des hier festgestellten Mittelwerts zu sein, andererseits als Bestätigung der entsprechenden vorliegenden Statistiken. Gleiches gilt für die Grundfrequenzvariabilität, für die durchschnittlich 5,0 Halbtöne ermittelt wurden. Für die forensisch-phonetische Praxis ergibt sich damit keine veränderte Grundlage für die Bewertung der mittleren Grundfrequenz und ihrer Variabilität als sprecherspezifische Merkmale.

5.5   Kritik und Perspektiven

Den gewonnenen Erkenntnissen dieser Arbeit stehen naturgemäß gewisse Einschränkungen gegenüber, die sich hauptsächlich aus dem gewählten Versuchsaufbau ergeben. Bei Betrachtung des Untersuchungsdesigns könnte perspektivisch in Erwägung gezogen werden, eine größere Versuchspersonenpopulation, vor allem zur Beurteilung der Auswirkungen von *Real-World*-Störschall, zu berücksichtigen. Die Population für diese Arbeit lag im Kern bei n=31 für *Real-World*-Störschall und n=63 beim Störschall des Weißen Rauschens. Einschränkend für die Verallgemeinerbarkeit der Ergebnisse ist die Limitierung der Versuchspersonen auf die Altersgruppe der 20-30-jährigen zu sehen, da aus der Literatur bekannt ist, dass das Lebensalter einen Einfluss auf Grundfrequenzparameter hat[127]. Im Interesse der forensisch-phonetischen Relevanz der Ergebnisse sollten in zukünftigen Untersuchungen auch weibliche Versuchspersonen einbezogen werden.

Die statistische Analyse der erhaltenen Daten hat ergeben, dass die Störschallbedingungen „Fahrgeräusche 70 dB" und „Fahrgeräusche 80 dB" den vergleichsweise geringsten Einfluss auf die mittlere Grundfrequenz und die Grundfrequenzvariabilität hatten. In zukünftigen Versuchsanordnungen   könnten demzufolge weitere

---

[127] Hollien & Shipp, 1972.

Störschallpegel vorgesehen werden. Daneben sollte auch eine Erweiterung der forensisch relevanten Störschallqualitäten in Erwägung gezogen werden, wie z.B. Hintergrundmusik, Verkehrslärm, Maschinengeräusche oder die Kombination mehrerer Störschallqualitäten. Auch bietet sich an, Versuche vor allem unter Einbeziehung von telefonübertragenen Sprechproben durchzuführen.

Unklar bleibt, welchen Einfluss in der vorliegenden Arbeit die Abfolge der Störschallbedingungen hatte. Es ist nicht auszuschließen, dass im Rahmen der für jede Versuchsperson knapp 30-minütigen Sprechprobenabnahme Gewöhnungs-, eventuell auch Ermüdungseffekte stattgefunden haben.

Auch der Einfluss der Aufgabenstellung (Lesen gegenüber Spontansprache) sollte in einer zukünftigen Untersuchung nochmals geprüft werden, da die diesbezüglich erhaltenen Daten nicht bedingungsübergreifend signifikant waren, insgesamt aber einen allgemeinen Trend erkennen lassen. Darüber hinaus kommt die Verwendung dialogischer Spontansprache hierbei in Betracht.

Im Interesse der Beurteilung der forensisch-phonetischen Auswirkungen von Lärmbelastung auf die Stimme bietet sich auch an, neben Grundfrequenzparametern weitere sprecherspezifische Merkmale zu untersuchen, wie z.B. Formantfrequenzen, Silbenrate, Artikulationsrate oder Amplituden- und Intensitätsmodulation. Allerdings dürfen derartige Untersuchungen sich nicht auf

172

quantifzierbare Parameter beschränken. Es erscheint unverzichtbar zu sein, Untersuchungen zum Lombard-Effekt auf auditiv-wahrnehmbare sprechertypische Merkmale, wie z.B. primäre und sekundäre Stimmqualitäten bzw. phonatorische und resonatorische Eigenschaften sowie die auditiv-wahrnehmbare Gesamterscheinung der Stimme auszuweiten. Letzterer Aspekt könnte auch aus dem Blickwinkel der in dieser Arbeit thematisierten Verhältnismäßigkeit der unter Lombard-Einfluss veränderten Grundfrequenzparameter unter Einbeziehung von Hörexperimenten zu auditiv wahrgenommenen, subjektiv empfundenen stimmlichen Veränderungen unter Lombard-Einfluss systematisch untersucht werden.

6 Zusammenfassung

Die im Rahmen dieser Arbeit gewonnenen Erkenntnisse können wie folgt zusammengefasst werden:

- Die mittlere Grundfrequenz ebenso wie die Grundfrequenzvariabilität steigen bei Sprechen unter dem Einfluss von Störschall signifikant an. Dies gilt sowohl für forensisch relevante Störschälle als auch für künstlichen Störschall in Form eines Weißen Rauschens.

- Allgemein kann festgestellt werden, dass sich die Sprechmodi Lesen und Spontansprache auf die mittlere Grundfrequenz und die Grundfrequenvariabilität tendenziell auswirken. Zu differenzieren ist hier, dass das Ausmaß des Unterschieds zwischen Lesen und Spontansprache von der Lombard-Effektstärke abhängig zu sein scheint: Je stärker der Effekt, desto stärker scheint sich der Sprechmodus auszuwirken.

- Die Störschallqualität und der Störschallpegel wirken sich auf die mittlere Grundfrequenz und die Grundfrequenzvariabilität unterschiedlich stark aus. Stimmengewirr als Störschall hat, unabhängig vom Störschallpegel, einen stärkeren Effekt auf die mittlere Grundfrequenz und ihre Variabilität als Fahrgeräusche.

Innerhalb der Störschallqualitäten gilt, dass der höhere Störschallpegel stets den stärksten Effekt hat.

- Die Untersuchung einer erweiterten Versuchspersonenpopulation ergab eine mittlere Stimmlippengrundfrequenz von 120 Hz und eine Grundfrequenzvariabilität entsprechend 5,0 Halbtönen. Beide Werte liegen innerhalb der Spannweite bereits bekannter Grundfrequenzstatistiken.

- Die Überprüfung der Verhältnismäßigkeit der Veränderung von mittlerer Grundfrequenz und Grundfrequenzvariabilität ergab, dass die Veränderungen je nach der Dimension der Darstellung unterschiedlich stark ausgeprägt sind.

7   Literaturverzeichnis

Backhaus, Klaus, et al.. Multivariate Analysemethoden: Eine anwendungsorientierte Einführung. Springer-Verlag, 2008.

Baken, Ronald J., & R. F. Orlikoff. Clinical measurement of speech and voice. Cengage Learning, 2000.

Baldwin, John R., & P. French. Forensic phonetics. Pinter, 1990.

Baltes-Götz, Bernhard. Statistisches Praktikum mit IBM SPSS Statistics 21 für Windows. ZIMK Universität Trier, 2013.

Bech, Per. Rating scales for psychopathology, health status and quality of life: a compendium on documentation in accordance with the DSM-III-R and WHO systems. Springer Science & Business Media, 2012.

Bege, Stefan. Das Konzept der Metropolregion in Theorie und Praxis. Gabler Verlag, Springer Fachmedien Wiesbaden GmbH. 1. Auflage. 2010.

Boersma, Paul, & D. Weenink. "PRAAT, a system for doing phonetics by computer." (2001): 341-345.

Bohnen, Nicolaas., et al. "Cortisol reactivity and cognitive performance in a continuous mental task paradigm." *Biological Psychology 31.2* (1990): 107-116.

Bond, Zinny S., & T.J. Moore. A Note on Loud and Lombard Speech. Ohio University, 1990.

Braun, Angelika. „Zur Bedeutung des Merkmals "mittlere Sprechstimmlage" in der forensischen Sprechererkennung.." *Phonetik und Dialektologie. Marburg: Univ.-Bibl* (1992): 1-26.

Braun, Angelika. „Sprechstimmlage und Muttersprache." *Zeitschrift für Dialektologie und Linguistik* (1994): 170-178.

Braun, Angelika. "Fundamental frequency: how speaker-specific is it?" *Beiträge zur Phonetik und Linguistik 64* (1995): 9-23.

Braun, Angelika. „Sprechstimmlage und regionale Umgangssprache." *Beiträge zur Linguistik und Phonetik. Zeitschrift für Dialektologie und Linguistik, Festschrift. Stuttgart: Steiner* (2001): 453-463.

Braun, Angelika, & C. M. Heilmann. Synchronemotion. Lang, 2012.

Brosius, Gerhard, & F. Brosius. Spss. McGraw-Hill, 1989.

Busch, Kim. „Die biologische Stresstheorie-Physiologische Stressreaktion". (2007).

Cannon, Walter Bradford. Bodily changes in pain, hunger, fear, and rage: An account of recent researches into the function of emotional excitement. D. Appleton, 1916.

Chi, Sang-Mun, & Y.-W. Oh. "Lombard effect compensation and noise suppression for noisy Lombard speech recognition." Proceedings of the Fourth International Conference on Spoken Language. Vol. 4. IEEE, 1996.

Cowie, Roddy, & R. R. Cornelius. "Describing the emotional states that are expressed in speech." *Speech communication 40.1* (2003): 5-32.

Davis, Chris, et al. "Lombard speech: Auditory (A), Visual (V) and AV effects." Proceedings of the Third International Conference on Speech Prosody. 2006.

Dieroff, H. G., & C. Siegert. „Tonhöhenverschiebung unter Lärmbelastung." *Folia Phoniatrica et Logopaedica* 18.4 (1966): 247-255.

Dubielzig, Cornelia, & C. Meinerz. "Forensische Sprecher-Erkennung." *KRIMINALPOLIZEI: 14* (2014).

Edwards, J. R., & N. P. Rothbard. "Work and family stress and well-being: An examination of person-environment fit in the work and family domains. Organizational behavior and human decision processes." *77(2)* (1999): 85-129.

Ekman, Paul, W. V. Friesen, & K. R. Scherer. "Body movement and voice pitch in deceptive interaction." *Semiotica 16.1* (1976): 23-28.

Fitch, James L. "Consistency of fundamental frequency and perturbation in repeated phonations of sustained vowels, reading, and connected speech." *Journal of Speech and Hearing Disorders* 55.2 (1990): 360-363.

French, Peter. "Mr. Akbar's nearest ear versus the Lombard reflex: a case study in forensic phonetics." *International Journal of Speech Language and the Law 5.1* (2007): 58-68.

Funnell, Rita, G. Koutoukidis, & K. Lawrence. Tabbner's nursing care: Theory and practice. Elsevier Australia, 2008.

Garnier, Maëva, & N. Henrich. "Speaking in noise: How does the Lombard effect improve acoustic contrasts between speech and ambient noise?" *Computer Speech & Language 28.2* (2014): 580-597.

Garnier, Maëva et al.. "An acoustic and articulatory study of Lombard speech: Global effects on the utterance". International Conference on Spoken Language Processing, (2006): 2246–2249.

179

Garnier, Maëva, et al.. "The Lombard Effect: a physiological reflex or a controlled intelligibility enhancement?" 7th International Seminar on Speech Production. 2006.

Garnier, Maëva, N. Henrich, & D. Dubois. "Influence of sound immersion and communicative interaction on the Lombard effect." *Journal of Speech, Language, and Hearing Research 53.3* (2010): 588-608.

Genuit, Klaus, & A. Fiebig. „Die Psychoakustik im Bereich der Lärmwirkungsforschung." *Praktische Arbeitsmed izin 9* (2007): 14-18.

Gold, Erica, & P. French. "International practices in forensic speaker comparison." *The International Journal Speech, Language and the Law 18.2* (2011): S. 293-307.

Griefahn, Barbara. Schlafverhalten und Geräusche. Enke Verlag Stuttgart, 1985.

Griffiths, Peter R., & J. A. De Haseth. Fourier transform infrared spectrometry. Vol. 171. John Wiley & Sons, 2007.

Guski, Rainer. Lärm: Wirkungen unerwünschter Geräusche. Huber, 1987.

Hanley, T. D., J. C. Snidecor, and R. L. Ringel. "Some acoustic differences among languages." *Phonetica 14.2* (1966): 97-107.

Hansen, John HL, & O. N. Bria. "Lombard effect compensation for robust automatic speech recognition in noise." First International Conference on Spoken Language Processing. 1990.

Hansen, John HL, A. Sangwan, & W. Kim. "Speech under stress and Lombard effect: impact and solutions for forensic speaker recognition." *Forensic Speaker Recognition. Springer New York* (2012): 103-123.

Harris, Cyril M., & M. R. Weiss. "Pitch and formant shifts accompanying changes in speech power level." *The Journal of the Acoustical Society of America* 35.11 (1963): 1876-1876.

Henry, James Paget, & P. M. Stephens. Stress, health, and the social environment: A sociobiologic approach to medicine. Springer Science & Business Media, 2013.

Hess, Wolfgang. Pitch determination of speech signals: algorithms and devices. Vol. 3. Springer Science & Business Media, 2012.

Hirson, Allen, P. French, & D. Howard. "Speech fundamental frequency over the telephone and face-to-face: some implications for forensic phonetics." *Studies in General and English Phonetics:*

Essays in Honour of Professor JD O'Connor, London: Routledge (1995): 230-40.

Hollien, Harry, & T. Shipp. "Speaking fundamental frequency and chronologic age in males." *Journal of Speech, Language, and Hearing Research 15.1* (1972): 155-159.

Hollien, Harry, P. A. Hollien, & G. de Jong. "Effects of three parameters on speaking fundamental frequency." *The Journal of the Acoustical Society of America 102.5* (1997): 2984-2992.

Horii, Yoshiyuki. "Some statistical characteristics of voice fundamental frequency." *Journal of Speech, Language, and Hearing Research* 18.1 (1975): 192-201.

Howard, David M. "Peak-picking fundamental period estimation for hearing protheses." *The Journal of the Acoustical Society of America 86.3* (1989): 902-910.

Hudson, Amelia I., & A. Holbrook. "Fundamental Frequency Characteristics of Young Black Adults Spontaneous Speaking and Oral Reading." *Journal of Speech, Language, and Hearing Research* 25.1 (1982): 25-28.

Hudson, Toby, et al. "F0 statistics for 100 young male speakers of Standard Southern British English." Proceedings of ICPhS. 2007.

Janke, Wilhelm. „Psychophysiologische Grundlagen des Verhaltens." *Medizinische Psychologie. Springer Berlin Heidelberg* (1976): 1-101.

Jessen, Michael, O. Köster, & S. Gfroerer. "Influence of vocal effort on average and variability of fundamental frequency." *International Journal of Speech Language and the Law 12.2* (2005): 174-213.

Junqua, Jean-Claude, S. Fincke, & K. Field. "The Lombard effect: A reflex to better communicate with others in noise." Acoustics, Speech, and Signal Processing, 1999. Proceedings, 1999 IEEE International Conference on. Vol. 4. IEEE, 1999.

Junqua, Jean-Claude. "The influence of acoustics on speech production: A noise-induced stress phenomenon known as the Lombard reflex." *Speech Communication 20.1* (1996): 13-22.

Kappas, Arvid, U. Hess, & K. R. Scherer. "6. Voice and emotion." *Fundamentals of nonverbal behavior* (1991): 200.

Kaluza, Gert. Gelassen und sicher im Stress: Das Stresskompetenz-Buch - Stress erkennen, verstehen, bewältigen. Springer-Verlag, 2012.

Kloepfer et al.. „Primäre extraaurale Lärmwirkungen". „Leben mit Lärm? Risikobeurteilung und Regulation des Umgebungslärms im Verkehrsbereich", (2006): 131-150.

Knipschild, Paul. "V. Medical effects of aircraft noise: community cardiovascular survey." *International archives of occupational and environmental health 40.3* (1977): 185-190.

Köster, Jens-Peter. "Auditive Sprechererkennung bei Experten und Naiven." *Festschrift für Hans-Heinrich Wängler, Hamburg: Buske* (1987): S. 171-180.

Köster, Jens-Peter. Auswirkungen physischer Anstrengungen auf den Grundton der menschlichen Stimme. *Nolte, B. (Hrsg.): Anwendungen der Akustik in der Wehrtechnik. Bonn: Studiengesellschaft der DWT mbH.* (2000): S. 52-57.

Köster, Jens-Peter, & C. Grasmück. Die Auswirkung von MP3- und Atrac-Kompression auf sprechertypische Parameter des Sprachsignals. *Nolte, B. (Hrsg.): Schall und Schwingungen in sensibler Umgebung. Bonn: Studiengesellschaft der DWT mbH.* (2004): S. 126-131

Künzel, Hermann J.. Sprechererkennung: Grundzüge forensischer Sprachverarbeitung. Kriminalistik-Verlag, 1987.

Künzel, Hermann J. "How well does average fundamental frequency correlate with speaker height and weight?" *Phonetica 46.1-3* (1989): 117-125.

Künzel, Hermann J., A. Braun, & U. Eysholdt. Einfluß von Alkohol auf Sprache und Stimme. Kriminalistik-Verlag, 1992.

Künzel, Hermann. J., H. R. Masthoff, & J. P. Köster. "The relation between speech tempo, loudness, and fundamental frequency: an important issue in forensic speaker recognition." *Science & Justice* 35.4 (1995): 291-295.

Künzel, Hermann J.. "Beware of the 'telephone effect': the influence of telephone transmission on the measurement of formant frequencies." *Forensic Linguistics 8.1* (2001): 80-99.

Lane, Harlan, & Bernard Tranel. "The Lombard sign and the role of hearing in speech." *Journal of Speech, Language, and Hearing Research* 14.4 (1971): 677-709.

Lau, Priscilla. "The lombard effect as a communicative phenomenon". *UC Berkeley Phonology Lab Report. Phonology Lab, Linguistics Department. University of Califorania.* (2008): 1-9.

Lazarus, Richard S. Psychological stress and the coping process. McGraw-Hill, 1966.

Lehnhardt, Ernst & Th. Janssen. Physiologie und Pathophysiologie des Innenohrs. *Ernst Lehnhardt & R. Laszig (Hrsg.): Praxis der Audiometrie. Stuttgart: Georg Thieme Verlag KG* (2009): S. 35-46

Lindh, Jonas. "Preliminary descriptive F0-statistics for young male speakers." *Working Papers in Linguistics 52* (2009): 89-92.

Lindh, Jonas. "Preliminary F0 statistics and forensic phonetics." Proceedings, IAFPA, Department of Linguistics, Göteborg University (2006).

Lombard, Etienne. "Le signe de l'élevation de la voix." *Ann. Maladies Oreille, Larynx, Nez, Pharynx 37.* (1911): S. 101-119.

Lovallo, William R., & T. L. Thomas. "Stress hormones in psychophysiological research: Emotional, behavioral, and cognitive implications." (2000).

Majewski, Wojciech, H. Hollien, & J. Zalewski. "Speaking fundamental frequency of Polish adult males." *Phonetica 25.2* (1972): 119-125.

Malaka, Rainer, A. Butz, & H. Hußmann. Medieninformatik: Eine Einführung. Pearson Deutschland GmbH, 2009.

Masthoff, Herbert, & C. Meinerz. "Effect of telephone-line transmission and digital audio format on formant tracking measurements - revised," Paper presented at the 21st Annual Conference of the International Association for Forensic Phonetics and Acoustics, IAFPA, Santander. 2012.

Meinerz, Christoph, & H. Masthoff. "Effect of telephone-line transmission and digital audio format on formant tracking measurements." Proceedings of the 20th Annual Conference of the International Association for Forensic Phonetics and Acoustics, IAFPA, Vienna. 2011.

Meinerz, Christoph. „Effekte von Stress auf Stimme und Sprechen: Eine phonetische Untersuchung auf der Grundlage ausgewählter akustischer und sprechdynamischer Parameter unter Berücksichtigung verschiedener Stressklassen". Books on Demand, 2010.

Miller, James D. "Effects of noise on people." *The Journal of the Acoustical Society of America 56.3* (1974): 729-764.

Möbius, Bernd, M. Pätzold, & W. Hess. "Analysis and synthesis of German
F0 contours by means of Fujisaki's model." *Speech Communication 13.1* (1993): 53-61.

Mummendey, Amélie, & S. Otten. Sozialpsychologie. Springer Berlin Heidelberg, 2002.

Neumeir, Christian. Stress bewältigen: gelassen und entspannt im Alltag. Compact Verlag, 2010.

Nolan, Francis. "The Phonetic Bases of Speaker Recognition". Cambridge: Cambridge University Press, 1983.

Nolan, Francis. "Intonational equivalence: an experimental evaluation of pitch scales." Proceedings of the 15th International Congress of Phonetic Sciences, Barcelona. Vol. 39. 2003.

Patel, Rupal, & K. W. Schell. "The influence of linguistic content on the Lombard effect." *Journal of Speech, Language, and Hearing Research 51.1* (2008): 209-220.

Petrushin, Valery A. "Emotion recognition in speech signal: experimental study, development, and application." *studies* 3 (2000): 4.

Pétursson, Magnús, & J. Neppert. „Elementarbuch der Phonetik". Buske Verlag, 2002.

Plaumann, Martina, A. Busse, & U. Walter." *Grundlagen zu Stress. Weißbuch Prävention 2005/2006. Springer Berlin Heidelberg* (2006): 3-12.

Pompino-Marschall, Bernd. Einführung in die Phonetik. Walter de Gruyter, 2009.

Raphael, Lawrence J., G. J. Borden, and K. S. Harris. Speech science primer: Physiology, acoustics, and perception of speech. Lippincott Williams & Wilkins, 2007.

Rasch, Björn, et al.. Quantitative Methoden. Heidelberg: Springer, 2004.

Riviera, Jose-Luis, et al.. "Effect of acute and chronic neuroleptic therapy on serum prolactin levels in men and women of different age groups." *Clinical Endocrinology 5.3* (1976): 273-282.

Ruckstuhl, Urs. Tagung Gesunde Lehrerinnen und Lehrer – Basis einer guten Schule. „Stress und Burnout im Lehrberuf." (2014).

Rusch, Stephan. „Stressmanagement – Ein Arbeitsbuch für die Aus-, Fort-, und Weiterbildung". Niebank-Rusch-Verlag, 1. Auflage, 2012

Ryff, Carol D.. "Happiness is everything, or is it? Explorations on the meaning of psychological well-being." *Journal of personality and social psychology 57.6* (1989): 1069.

Schaaf, Helmut, & M. Nelting. „Wenn Geräusche zur Qual werden." Geräuschempfindlichkeit. Trias, 2003.

Schneider-Stickler, Berit, & W. Bigenzahn. „Stimmdiagnostik: ein Leitfaden für die Praxis". Springer-Verlag, 2013.

Schultz-Coulon, Hans-Jürgen. „Bestimmung und Beurteilung der individuellen mittleren Sprechstimmlage." *Folia Phoniatrica et Logopaedica* 27.5 (1975): 375-386.

Schultz-Coulon, Hans-Jürgen, & C-P. Fues. "Der Lombard-Reflex als Stimmfunktions-prüfung." *Archives   of   oto-rhino-laryngology* 210.2 (1975): 232-234.

Selye, Hans. "A syndrome produced by diverse nocuous agents." *Nature 138.3479* (1936): 32.

Selye, Hans. "Stress and the general adaptation syndrome." *British Medical Journal 1.4667* (1950): 1383.

Selye, Hans. „Forty years of stress research: principal remaining problems and misconceptions." *CMA JOURNAL/JULY 3, 1976/VOL. 115* (1976): p. 53.

Stanton, Bill J., L. H. Jamieson, & G. D. Allen. "Acoustic-phonetic analysis of loud and Lombard speech in simulated cockpit conditions." Acoustics, Speech, and Signal Processing, 1988. ICASSP-88., 1988 International Conference on. IEEE, 1988.

Streeter, Lynn A., et al.. "Acoustic and perceptual indicators of emotional stress." *Journal of the Acoustical Society of America 73.4* (1983): 1354-t360.

Tielen, Mirjam TJ. "Fundamental frequency characteristics of middle aged men and women." Proceedings of the Institute of Phonetic Sciences Amsterdam. Vol. 13. 1989.

Traunmüller, Hartmut, & A. Eriksson. "The frequency range of the voice fundamental in the speech of male and female adults." *Unpublished   manuscript: http://www2.ling.su.se/staff/hartmut/aktupub.htm.* (1995).

Ungeheuer, Gerold. Phonetik und angrenzende Gebiete. Vol. 79. Franz Steiner Verlag, 1993.

Van den Berg, Janwillem. "Myoelastic-aerodynamic theory of voice production." *Journal of speech and hearing research 1* (1958): 227-44.

Van Summers, Walter, et al.. "Effects of noise on speech production: Acoustic and perceptual analyses." *The Journal of the Acoustical Society of America 84.3* (1988): 917-928.

Varadarajan, Vaishnevi S., & J. HL Hansen. "Analysis of lombard effect under different types and levels of noise with application to in-set speaker ID systems." *INTERSPEECH* (2006): 937-940.

von Essen, Otto. Allgemeine und angewandte Phonetik. Akademie-Verlag, 1962.

von Detten, Philipp, Oliver Faude, & T. Meyer. „Leitfaden zur statistischen Auswertung von empirischen Studien." *Institut für Sportmedizin, Universität Paderborn* (2015).

Vieregge, Wilhelm H.. "Patho-Symbolphonetik. Auditive Deskription pathologischer Sprache." Stuttgart (1996).

Vieregge, Wilhelm H.. Phonetische Transkription. No. 60. Franz Steiner Verlag, 1989.

Wagner-Link, Angelika. „Stressbewältigung". Klett-Cotta, 2010.

www.maerchen.com, camo&pfeiffer, Stand: 2013.

www.vaterundsohn.de, Südverlag GmbH, Stand: 2013.

Tabelle 24 Ergebnisse F0-Messungen für die Modalbedingung
(Spontansprache und Lesen)

VP	Spontansprache		Lesetext	
	Mean (Hz)	SA (Hz)	Mean (Hz)	SA (Hz)
1	125	14	127	15
2	123	15	125	15
3	119	32	124	19
4	120	16	120	18
5	123	17	121	18
6	106	18	100	16
7	121	17	130	23
8	107	13	105	11
9	120	20	122	17
10	149	39	159	39
11	122	23	124	20
12	128	27	132	28
13	113	15	115	20
14	112	16	107	15
15	114	20	115	19
16	114	16	110	15
17	113	19	125	28
18	115	23	113	22
19	123	16	115	14
20	108	19	105	16
21	93	11	90	11
22	120	18	114	15
23	110	15	113	17
24	107	22	108	19
25	145	22	138	23
26	127	16	120	22
27	122	12	118	12
28	126	24	131	31
29	126	19	121	19
30	116	17	118	19
31	124	20	112	16

Quelle: Eigene Erstellung.

Tabelle 25 Ergebnisse F0-Messungen für die Bedingung „Fahrgeräusche 70 dB" (Spontansprache und Lesen)

VP	Spontansprache		Lesetext	
	Mean	SA (Hz)	Mean	SA (Hz)
1	125	13	126	13
2	125	14	135	15
3	134	24	137	17
4	139	21	138	22
5	140	21	138	21
6	144	24	139	22
7	165	24	155	27
8	132	20	128	17
9	136	25	137	22
10	176	43	170	43
11	132	27	135	24
12	128	31	129	30
13	117	18	119	18
14	108	15	107	13
15	119	22	116	20
16	125	21	117	17
17	113	18	122	25
18	115	19	114	19
19	134	19	127	17
20	117	19	114	20
21	101	11	104	12
22	127	19	127	18
23	130	20	125	19
24	114	17	117	20
25	164	28	154	26
26	134	16	133	15
27	138	16	137	16
28	118	20	129	27
29	140	24	140	24
30	145	25	140	22
31	141	27	136	27

Quelle: Eigene Erstellung.

Tabelle 26 Ergebnisse F0-Messungen für die Bedingung „Fahrgeräusche 80 dB" (Spontansprache und Lesen)

VP	Spontansprache		Lesetext	
	Mean	SA (Hz)	Mean	SA (Hz)
1	129	13	130	13
2	134	18	140	15
3	140	25	139	14
4	151	23	148	24
5	140	22	148	21
6	164	22	156	22
7	176	24	163	26
8	148	20	138	17
9	137	22	141	21
10	178	39	183	46
11	132	27	139	23
12	139	25	126	30
13	125	18	128	18
14	111	13	111	12
15	116	20	118	20
16	135	25	120	15
17	123	21	129	25
18	129	31	114	18
19	139	20	134	18
20	131	21	113	18
21	107	12	113	14
22	131	19	136	20
23	134	24	133	18
24	114	19	122	20
25	168	27	166	25
26	147	16	146	17
27	148	15	146	17
28	120	19	126	24
29	147	28	144	22
30	159	25	151	21
31	158	34	151	25

Quelle: Eigene Erstellung.

Tabelle 27 Ergebnisse F0-Messungen für die Bedingung „Stimmengewirr 70 dB" (Spontansprache und Lesen)

VP	Spontansprache		Lesetext	
	Mean (Hz)	SA (Hz)	Mean (Hz)	SA (Hz)
1	133	17	130	14
2	133	18	136	16
3	138	21	136	16
4	143	23	139	22
5	147	24	138	18
6	146	25	135	20
7	164	41	152	26
8	135	24	123	16
9	134	22	133	18
10	180	39	182	44
11	135	18	131	19
12	139	29	134	28
13	125	18	120	16
14	115	15	111	13
15	120	23	120	20
16	121	20	122	19
17	120	21	128	25
18	119	25	113	18
19	137	19	130	17
20	121	18	111	16
21	103	14	102	12
22	130	18	124	17
23	130	20	123	17
24	118	22	112	17
25	161	28	149	23
26	142	15	135	16
27	140	17	134	15
28	123	22	125	23
29	146	28	139	23
30	142	25	138	22
31	150	31	130	22

Quelle: Eigene Erstellung.

Tabelle 28 Ergebnisse F0-Messungen für die Bedingung ‚Stimmengewirr 80 dB' (Spontansprache und Lesen)

VP	Spontansprache		Lesetext	
	Mean	SA (Hz)	Mean	SA (Hz)
1	126	11	133	14
2	135	17	140	20
3	144	24	138	18
4	150	21	153	25
5	158	25	154	20
6	165	23	149	23
7	177	26	160	26
8	145	19	137	17
9	144	23	133	17
10	189	48	189	48
11	143	30	140	24
12	139	28	136	29
13	128	19	130	19
14	120	18	111	15
15	120	23	118	19
16	132	21	122	16
17	124	19	133	27
18	124	23	118	19
19	143	20	139	18
20	127	19	116	18
21	112	13	109	13
22	141	20	135	20
23	138	21	131	20
24	124	21	122	19
25	168	26	157	24
26	156	17	145	16
27	153	20	140	15
28	127	23	128	23
29	157	29	148	25
30	164	27	143	24
31	166	32	147	25

Quelle: Eigene Erstellung.